외국어 전문 출판 브랜드

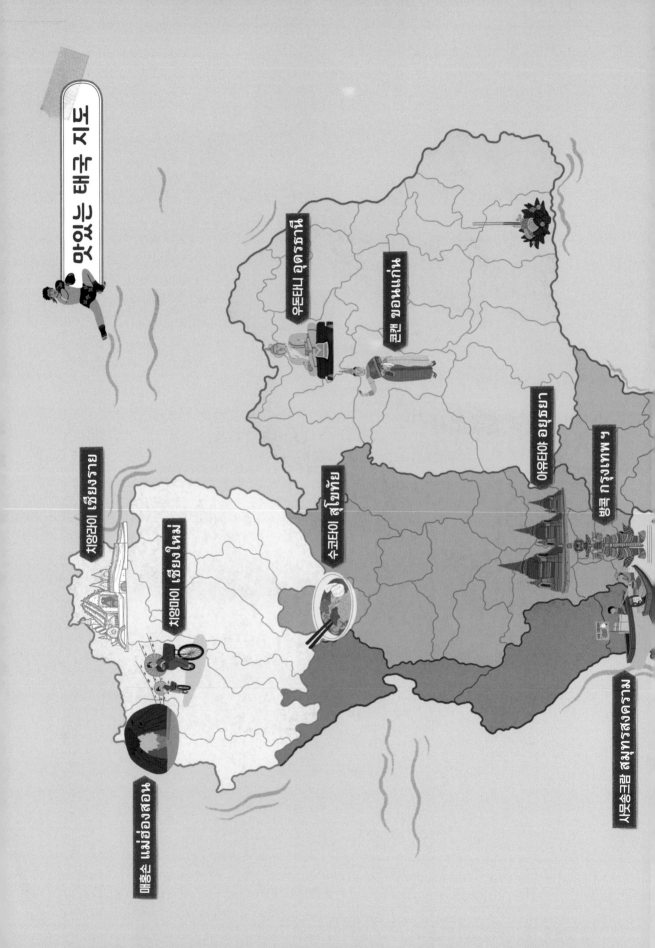

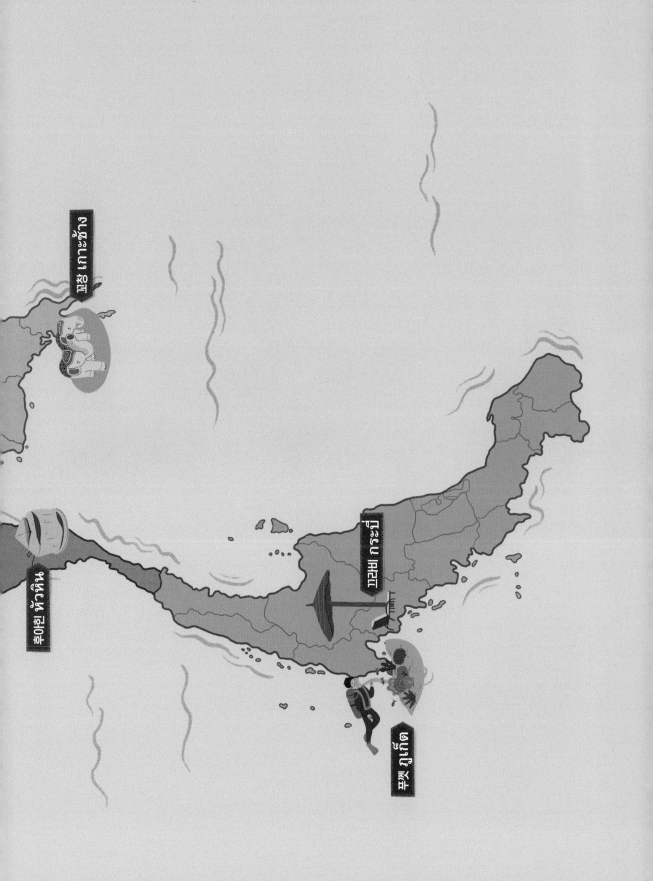

여행과 문화를 함께 즐기는

맛있는 태국어

독학 첫걸음

JRC 언어연구소 기획

피무 저

맛있는 books

여행과 문화를 함께 즐기는

맛있는 태국어 ★독학★ 첫걸음

초판 1쇄 발행	2020년 2월 10일
초판 3쇄 발행	2022년 9월 5일

저자	피무
감수	다나이 플러이플라이
기획	JRC 언어연구소
발행인	김효정
발행처	맛있는books
등록번호	제2006-000273호
편집	최정임
디자인	이솔잎 l 박정현
제작	박선희
삽화	박은미
녹음	l 태국어 l 쑤켓싹 완와짜 l 삐야파 강파닛
	l 한국어 l 오은수 l 심규혁

주소	서울 서초구 명달로 54 JRC빌딩 7층
전화	구입문의 02·567·3861 l 02·567·3837
	내용문의 02·567·3860
팩스	02·567·2471
홈페이지	www.booksJRC.com

ISBN	979-11-6148-040-4 13790
정가	16,500원 (여행 미니북, 쓰기 노트, MP3 파일 다운로드 포함)

เริ่มต้นดีมีชัยไปกว่าครึ่ง
좋은 시작은 반 이상 이기게 만든다(시작이 반이다)

우리는 언어를 배울 때에 그 나라의 사회와 문화를 간접적으로 경험하게 됩니다. 언어는 문화를 비추는 거울로, 서로 매우 밀접한 관계가 있습니다.

저자 또한 이전에 잘 알지 못했던 태국이라는 나라에 처음 발을 내딛고, 태국어의 매력에 흠뻑 빠져들었습니다. 꼬불꼬불한 태국어 문자와 오르락내리락하는 성조의 매력에 빠져 오랜 시간 태국어를 수학하며 '태국어를 어떻게 하면 보다 쉽게 배울 수 있을까?'라는 작은 질문에서 이 책은 출발하게 되었습니다.

태국어 공부의 동기나 목표가 무엇이든 간에 마음을 다잡고 책을 펼치셨다면 여러분들은 이미 절반을 달려온 것이나 다름없습니다. 끝까지 포기하지 않고 목표까지 천천히 달리다 보면 그동안 혼자서는 공부하기 힘들었던 태국어, 나아가 태국이라는 나라 전반에 대해 보다 깊게 이해할 수 있을 것입니다.

이제 막 태국어 학습에 걸음마를 떼신 분, 태국어의 문자와 성조를 학습한 경험은 있지만 어려워 포기했던 분들이 태국어를 향한 เริ่มต้นดี(좋은 시작)의 발걸음을 힘차게 내디딜 수 있기를 기대합니다.

끝으로 본 교재가 출간될 수 있도록 용기를 심어 준 사랑하는 가족들과 아낌없는 격려와 지원을 해주신 맛있는북스 관계자 여러분, 그리고 바쁘신 중에도 감수를 흔쾌히 맡아 주신 태국 쫄랄롱꼰 대학교 태국어 어학센터의 ดนัย พลอยพลาย 교수님께 진심으로 감사드립니다.

피무 พี่หมู

• WEEK 워밍업

주마다 테마가 되는 여행지와 학습 내용을 지도와 생생한 삽화를 통해 한눈에 확인할 수 있어요.

• DAY 워밍업

지난 학습을 복습하고, 오늘의 스토리 회화, 학습 포인트, 핵심 패턴을 미리 확인할 수 있어요.

오늘 떠날 여행지를 사진으로 미리 만나요!

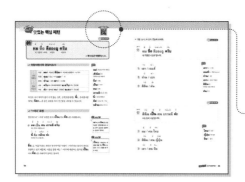

• 맛있는 핵심 패턴

핵심 패턴의 문법과 표현을 익히고, 표현&문화 TIP도 함께 확인해요.

★ QR코드를 스캔하여 동영상 강의를 들어 보세요.

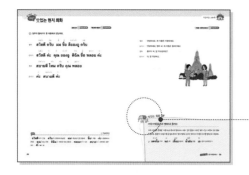

• 맛있는 현지 회화

테마 여행지를 배경으로, 핵심 패턴을 활용한 생생한 현지 회화를 학습해요.

맛있는 회화 TIP
네이티브처럼 말할 수 있는 회화 TIP을 알아 두세요.

• 맛있는 연습 문제

오늘 배운 핵심 내용을 복습할 수 있어요.

지금 떠나는 여행 속 태국

테마 여행지의 추천 명소와 여행 정보를 담았어요.

• WEEK 다시 보기

한 주 동안 배운 내용을 한눈에 정리하고 연습 문제로 확실하게 복습해요.

문화로 만나는 태국

다양한 태국 문화를 함께 알아봐요!

현지에서 한마디!

꼭 한번은 쓰게 될 필살기 여행 문장 익히기!

우리만 알고 있는 여행 이야기

테마 여행지의 숨은 매력과 여행 버킷 리스트 파헤치기!

실력 탄탄! 쓰기 노트

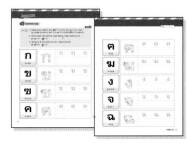

여행 필수품! 여행 미니북

• 특별 부록

독학을 응원하는
특별 부록을 소개합니다!

특별 부록 구성

쓰기 노트

녹음을 들으면서 태국 문자와 핵심 패턴을 직접 쓰고 연습할 수 있어요.

주목 태국어 자음에 표시되어 있는 화살표를 따라 쓰면 쉬워요.

여행 미니북

여행지에서 바로바로 꺼내어 쓸 수 있는 단어와 문장을 담았어요.

주목 우리말과 태국어 동시 녹음으로 들을 수 있어요.

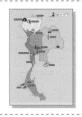

태국 지도

테마 여행지를 한눈에 볼 수 있는 지도로 오늘의 여행지를 미리 만날 수 있어요.

키보드 자판

책 뒤에 있는 키보드 자판을 잘라서 타자 연습을 하며 태국어 자모를 익혀 보세요.

무료 MP3

우리말과 함께 원어민의 생생한 발음으로 녹음되어 있어 태국어 발음, 단어, 패턴, 회화를 익히기 쉬워요.

무료 동영상 강의

QR코드를 스캔하면 동영상 강의를 들을 수 있어요. 태국어 발음, 핵심 패턴 등을 담은 알찬 강의와 함께라면 혼자서도 문제없어요.

무료 동영상 강의 보는 방법

방법 ①

QR코드 리더로 접속

동영상 강의

*QR코드 리더 어플을 설치해 주세요.

스마트폰으로 **책 속의 QR코드를 스캔**하면 동영상 강의를 볼 수 있어요.

방법 ②

유튜브 홈페이지에 접속

YouTube 에서

맛있는 태국어 독학 첫걸음 을

검색하세요!

맛있는 스쿨 채널에서 '맛있는 태국어 독학 첫걸음' 동영상 강의를 볼 수 있어요.

MP3 파일 다운로드 방법

①

제시된 **QR코드를 스캔** 하면 바로 다운로드할 수 있어요.

②

맛있는북스 홈페이지에 로그인한 후 MP3 파일을 다운로드할 수 있어요.

차례

WEEK 01 | 지금 방콕을 만나러 가자!

WEEK 02 | 지금 태국 중부를 만나러 가자!

WEEK 01

DAY 01	DAY 02	DAY 03	DAY 04	DAY 05
본책 26–39쪽 쓰기 노트 2–22쪽	본책 40–51쪽	본책 52–61쪽 쓰기 노트 23쪽	본책 62~71쪽 쓰기 노트 24쪽	본책 72–77쪽
월 일	월 일	월 일	월 일	월 일
발음1 • 자음 • 모음	**발음2** • 성조	**인사하기** • '~이다' 표현 เป็น과 คือ • 의문문을 만드는 ไหม	**교통수단 말하기** • 교통수단 이용 표현 • 'A에서 B까지' 표현	**완전 익히기** DAY 01–DAY 04 **복습**

WEEK 02

DAY 06	DAY 07	DAY 08	DAY 09	DAY 10
본책 80–91쪽 쓰기 노트 25쪽	본책 92–101쪽 쓰기 노트 26쪽	본책 102–111쪽 쓰기 노트 27쪽	본책 112–121쪽 쓰기 노트 28쪽	본책 122–127쪽
월 일	월 일	월 일	월 일	월 일
시간 말하기 • 미래 표현 จะ • 시간 표현	**부탁하기** • 부탁과 허락 표현 • (고유) 숫자 읽기	**음식 주문하기** • 음식 주문 표현 • 다양한 맛 표현	**쇼핑하기** • '~있어요?' 표현 • 가격 묻기	**완전 익히기** DAY 06–DAY 09 **복습**

20일 만에 완성!

WEEK 03

DAY 11	DAY 12	DAY 13	DAY 14	DAY 15
본책　　130-139쪽 쓰기 노트　29쪽	본책　　140-149쪽 쓰기 노트　30쪽	본책　　150-159쪽 쓰기 노트　31쪽	본책　　160-169쪽 쓰기 노트　32쪽	본책　　170-175쪽
월　　　일	월　　　일	월　　　일	월　　　일	월　　　일
위치 묻기 • 장소&위치 표현 • 길 안내 및 방향 표현	**경험 말하기** • 경험 표현 • 대조 접속사 แต่	**금지 표현 말하기** • 금지 표현 • 시도 표현	**증상 말하기** • 감정 표현 • 가정법 표현	**완전 익히기** DAY 11-DAY 14 **복습**

WEEK 04

DAY 16	DAY 17	DAY 18	DAY 19	DAY 20
본책　　178-187쪽 쓰기 노트　33쪽	본책　　188-197쪽 쓰기 노트　34쪽	본책　　198-207쪽 쓰기 노트　35쪽	본책　　208-217쪽 쓰기 노트　36쪽	본책　　218-223쪽
월　　　일	월　　　일	월　　　일	월　　　일	월　　　일
날짜 표현하기 • 날짜와 요일 표현 • 때를 나타내는 다양한 표현	**추측 표현 말하기** • 추측 표현 • 접속사 ถึงแม้ว่า...ก็	**희망 표현 말하기** • 관계부사 ที่ • '〜하고 싶다' 표현	**취미 말하기** • '〜을 좋아해요' 표현 • 다양한 소개 표현	**완전 익히기** DAY 16-DAY 19 **복습**

우리가 공부하는 태국어는?

*태국어

태국어(ภาษาไทย)는 태국의 다수 종족인 타이족의 언어이자 태국의 공용어예요. 국왕과 불교가 국가의 중심이어서 언어에서도 경어법이 발달되어 있어요. 국왕 및 왕실에 대한 경어법, 승려에 대한 경어법이 존재하는데, 경어는 주로 특수한 형태의 어휘를 사용해서 나타내요.

*문자

태국어 문자는 고 크메르 문자를 참고하여 수코타이 왕조의 람캄행 대왕이 창제했어요. 창제 당시에는 지금의 태국 문자와 자모의 배열법, 글자 모양에 어느 정도 차이가 있었고, 성조부호도 두 개뿐이었어요. 후대에 새로운 자모와 성조부호가 추가되었고, 모음도 자음의 전후에서 상하좌우로 자유롭게 위치하게 되었어요. 태국어는 대소문자의 구별이 없고, 띄어쓰기를 하지 않아요.

*성조

태국어에는 5개의 성조가 있는데, 성조부호 사용 유무에 따라 유형성조와 무형성조로 나뉘어요. 성조에 따라 의미가 달라지기 때문에 성조에 주의해야 해요.

*기본 어순

태국어 문장의 기본 어순은 우리말과 달리 '**주어 + 술어 + 목적어**'예요.

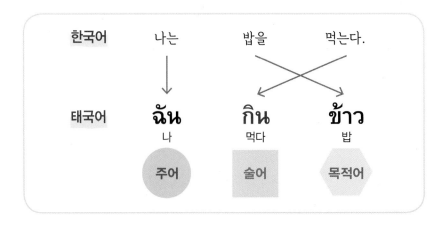

우리가 여행하는 태국은?

면적

동쪽으로는 라오스와 캄보디아, 남쪽으로는 타이만과 말레이시아, 서쪽으로 안다만해와 미얀마와 접해 있어요. 면적은 약 51.4만km²로, **한반도의 2.3배** 정도예요.

명칭

태국은 **입헌군주국**으로, 정식 국호는 **쁘라텟 타이**(ประเทศไทย 자유의 땅)예요. 1939년에 국호가 시암(สยาม)에서 타이로 변경되었어요.

인구

2019년 통계청 기준에 따르면 태국의 인구는 약 6962만 명으로, **세계**에서 **20번째**로 인구가 많아요.

수도

태국은 수도 **방콕**(กรุงเทพมหานคร)을 포함한 77개의 짱왓, 6개의 지방으로 이루어져 있어요.

날씨

태국은 열대몬순기후로 강수량은 비교적 많은 편이에요. 건기와 우기가 뚜렷하게 구분되는데, **우기**는 5~10월경, **건기**는 11~4월경이에요. 기온은 우기가 시작되기 직전에 가장 높아요.

여행 기본 정보

+ **화폐** : 바트(THB)
+ **사용 전압** : 220V, 50Hz
+ **시차** : 2시간 늦음
+ **여행 최적기** : 건기인 11~2월
+ 여행 **무비자**로 입국일로부터 6개월 이상 유효한 여권과 귀국 항공권을 소지하면 최대 90일간 체류 가능

일러두기

CARTE POSTALE

1 태국어 학습 부담을 줄이기 위해 부분적으로 띄어쓰기를 하였습니다.

2 태국어 발음은 성조와 장단음을 살려 최대한 현지 발음에 가깝게 표기하였습니다.
   장음은 '–' 기호를 써서 표기하였습니다.

3 정확한 발음 학습을 위해 원어민의 녹음을 들으며 학습하시길 바랍니다.

4 인명, 지명 등은 국립국어원의 「외래어 표기법」을 기준으로 하였으며, 익숙한 인명이나 지명은 예외를 두었습니다.

5 DAY03–DAY19의 「맛있는 핵심 패턴 보기」의 완전한 문장은 태국어와 함께 우리말 해석을 부록으로 제시하였습니다.

🎧 MP3 파일 구성

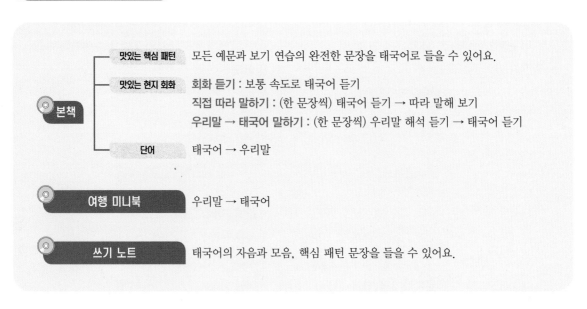

본책
- 맛있는 핵심 패턴 — 모든 예문과 보기 연습의 완전한 문장을 태국어로 들을 수 있어요.
- 맛있는 현지 회화 — 회화 듣기 : 보통 속도로 태국어 듣기
  직접 따라 말하기 : (한 문장씩) 태국어 듣기 → 따라 말해 보기
  우리말 → 태국어 말하기 : (한 문장씩) 우리말 해석 듣기 → 태국어 듣기
- 단어 — 태국어 → 우리말

여행 미니북 — 우리말 → 태국어

쓰기 노트 — 태국어의 자음과 모음, 핵심 패턴 문장을 들을 수 있어요.

★ MP3 파일 무료 다운로드
  맛있는북스 홈페이지(www.booksJRC.com)에서 무료로 다운로드 할 수 있습니다.

WEEK 01

DAY 01-05

지금 방콕을
만나러 가자!

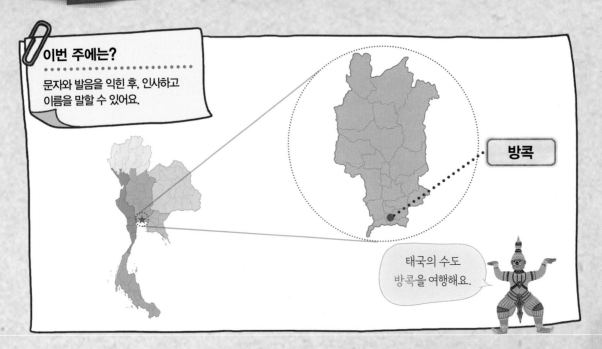

이번 주에는?

문자와 발음을 익힌 후, 인사하고
이름을 말할 수 있어요.

방콕

태국의 수도
방콕을 여행해요.

발음 1
DAY 01

태국어의 자음과 모음을
학습해요.

발음 2
DAY 02

태국어의 성조를
학습해요.

DAY 03

방콕-왓 아룬

인사 표현을 익혀
현지인과 반갑게 인사해요.

DAY 04　방콕-딸랏롯파이

이동 수단과 거리를
물어볼 수 있어요.

DAY 05

태국의
여행&문화

첫째 주 DAY 01~04 복습

DAY 01~04의 주요 학습 내용을 복습하고,
다양한 문제로 자신의 실력을 체크해 보세요.

방콕 여행을 추천하는 이유와 태국 인사말의

유래 및 인사법에 대해 알 수 있습니다.

▲ 태국식 인사법

태국어,
이것만 알고 가자

1 태국어의 특징

1 태국어는 우리말처럼 고유한 문자를 가지고 있습니다. 태국어의 **자음**은 총 44개로 중자음(9개), 고자음(11개), 저자음(24개)이 있으며, 현재는 42개만 사용되고 있습니다. 태국어의 모음은 32개 (장모음 12개, 단모음 12개, 기타 모음 8개)가 있습니다.

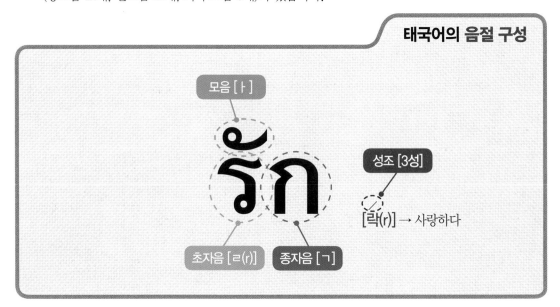

태국어의 음절 구성

모음 [ㅏ]

성조 [3성]

[락(r)] → 사랑하다

초자음 [ㄹ(r)]   종자음 [ㄱ]

2 태국어는 5개의 성조(평성, 1성, 2성, 3성, 4성)와 4개의 **성조부호**가 있습니다. 성조부호 유무에 따라 유형성조와 무형성조로 나뉘고, 음의 높낮이와 모음의 길고 짧음에 따라 의미가 달라집니다.

3 고유 태국어는 주로 단음절로 이루어져 있어, 한 음절이 하나의 성조를 가집니다.

고유(순수) 태국어	차용어(빨리-산스크리트어 등)
พ่อ 퍼- 아빠	บิดา 비다 아버지, 부친
แม่ 매 엄마	มารดา 마ㄴ다 어머니, 모친

4 태국어의 기본 어순은 「주어+술어+목적어」입니다.

폼   락r   쿤

예) ผม รัก คุณ   나는 당신을 사랑합니다.
나   사랑하다   당신

쿤   쑤-워이

คุณ สวย   당신은 예쁘다.
당신   예쁘다

5 태국어는 원칙적으로 문장 안에서 띄어쓰기가 없고, 쉼표나 마침표, 물음표와 같은 문장부호를 쓰지 않습니다. 다만 감탄사의 경우에는 뒤에 느낌표를 쓰는 경우가 있습니다.

흐+-이   우이

예) เห้ย! (누군가를 부를 때) 어이!. 야!   **อุ๊ย!** (아프거나 다쳤을 때) 아야!

6 태국어는 고립어로 어형의 변화가 없습니다. 시제, 수, 법, 태 등의 문법 관계는 특정한 단어 또는 부호로 나타냅니다.

시제	현재	낀 **กิน** 먹는다	법	평서	낀 **กิน** 먹는다
	미래	짜 낀 **จะ กิน** 먹을 것이다		의문	낀 르- **กิน หรือ** 먹니?
	현재 진행	깜랑 낀 유- **กำลัง กิน อยู่** 먹는 중이다		명령	낀 터 **กิน เถอะ** 먹어
	과거	낀 래-우 **กิน แล้ว** 먹었다		능동	낀 **กิน** 먹는다
수	단수	덱 **เด็ก** 어린이	태	사역	하이 낀 **ให้ กิน** 먹이다
	복수	덱덱 푸-워 덱 **เด็ก ๆ / พวกเด็ก** 어린이들		수동	투-ㄱ 낀 **ถูก กิน** 먹히다

7 수식어는 대부분 피수식어 뒤에 옵니다.

예 콘 타ー이
คน ไทย 태국 사람
사람(명사) 태국(명사)

아ー하ー나 아러ˇ이
อาหาร อร่อย 맛있는 음식
음식(명사) 맛있다(형용사)

8 태국어는 남성과 여성의 1인칭 대명사와 존칭어조사가 다릅니다.

	1인칭 대명사	존칭어조사
남성	폼ˇ **ผม**	크랍ˊ **ครับ**
여성	디찬ˇ 누ー **ดิฉัน / หนู**	카ˋ 카ˊ **ค่ะ / คะ**

9 태국어는 왕실용어와 불교용어를 일반용어와 구분해서 사용합니다.

일반용어	왕실용어	불교용어
낀ー 타ー나 **กิน / ทาน** 먹다 드시다	싸워ˇ이 **เสวย** (왕이 수라를) 드시다	찬ˇ **ฉัน** (승려가) 잡수시다

10 우리말처럼 태국어에도 높임말과 존칭 어휘가 있습니다. **ครับ**크랍이나 **ค่ะ**카, **คะ**카를 문장 끝에 쓰면 높임말이 됩니다.

② 태국어 문자의 분류

초자음
파얀차나 똔
พยัญชนะต้น

저**자음**(24개)

대응(14개)

단독(10개)

고**자음**(11개)

중**자음**(9개)

태국어 문자

모음
싸라r
สระ

장**모음**(12개)

단**모음**(12개)

기타 모음(8개)

생음

사음

종자음
뚜-워싸꼿
ตัวสะกด

생(**生**)받침
－단독 저자음

사(**死**)받침

고유 숫자(10개)

3 태국어의 자음

ก ไก่ 닭	ข ไข่ 달걀	ฃ ขวด 병	ค ควาย 물소	ฅ คน 사람
ก	**ข**	**ฃ***	**ค**	**ฅ***
꺼-까이	커-카이	커-쿠-얻	커-콰-이	커-콘
중자음 ㄲ/ㄱ	고자음 ㅋ/ㄱ	고자음 ㅋ/ㄱ	저자음 ㅋ/ㄱ	저자음 ㅋ/ㄱ

ฆ ระฆัง 종	ง งู 뱀	จ จาน 접시	ฉ ฉิ่ง 징	ช ช้าง 코끼리
ฆ	**ง**	**จ**	**ฉ**	**ช**
커-라r캉	응어-응우-	쩌-짜-ㄴ	처-칭	처-차-ㅇ
저자음 ㅋ/ㄱ	저자음 ng/ㅇ	중자음 ㅉ/ㄷ	고자음 ㅊ/—	저자음 ㅊ/ㄷ

ซ โซ่ 쇠사슬	ฌ เฌอ 나무	ญ หญิง 여자	ฎ ชฎา 무용관	ฏ ปฏัก 창(막대)
ซ	**ฌ**	**ญ**	**ฎ**	**ฏ**
써-쏘-	처-츠ㅓ-	여y-잉y	더-차다-	떠-빠딱
저자음 ㅆ/ㄷ	저자음 ㅊ/ㄷ	저자음 y/ㄴ	중자음 ㄷ/ㄷ	중자음 ㄸ/ㄷ

ฐ ฐาน 받침대	ฑ มณโท 여성 이름	ฒ ผู้เฒ่า 노인	ณ เณร 사미승	ด เด็ก 어린이
ฐ	**ฑ**	**ฒ**	**ณ**	**ด**
터-타-ㄴ	터-몬토-	터-푸-타오	너-네-ㄴ	더-덱
고자음 ㅌ/ㄷ	저자음 ㅌ/ㄷ	저자음 ㅌ/ㄷ	저자음 ㄴ/ㄴ	중자음 ㄷ/ㄷ

ต เต่า 거북이	ถ ถุง 봉지	ท ทหาร 군인	ธ ธง 깃발	น หนู 쥐
ต	**ถ**	**ท**	**ธ**	**น**
떠-따오	터-퉁	터-타하-ㄴ	터-통	너-누-
중자음 ㄸ/ㄷ	고자음 ㅌ/ㄷ	저자음 ㅌ/ㄷ	저자음 ㅌ/ㄷ	저자음 ㄴ/ㄴ

บ ใบไม้ 나뭇잎	ป ปลา 생선	ผ ผึ้ง 꿀벌	ฝ ฝา 뚜껑	พ พาน 받침대
บ	**ป**	**ผ**	**ฝ**	**พ**
버-바이마이	뻐-쁠라	퍼-픙	풔f-퐈f-	퍼-파-ㄴ
중자음 ㅂ/ㅂ	중자음 ㅃ/ㅂ	고자음 ㅍ/-	고자음 ㅍ(f)/-	저자음 ㅍ/ㅂ

ฟ ฟัน 치아	ภ สำเภา 돛단배	ม ม้า 말	ย ยักษ์ 도깨비	ร เรือ 배
ฟ	**ภ**	**ม**	**ย**	**ร**
풔f-퐌f	퍼-쌈파오	머-마-	여y-약y	러r-르r-아
저자음 ㅍ(f)/ㅂ	저자음 ㅍ/ㅂ	저자음 ㅁ/ㅁ	저자음 ㅇ(y)/y	저자음 ㄹ(r)/ㄴ

ล ลิง 원숭이	ว แหวน 반지	ศ ศาลา 정자(쉼터)	ษ ฤๅษี 도사	ส เสือ 호랑이
ล	**ว**	**ศ**	**ษ**	**ส**
러-ㄹ링	워w-웨w-ㄴ	써-싸-ㄹ라-	써-르r-씨-	써-쓰-아
저자음 ㄹ(l)/ㄴ	저자음 ㅇ(w)/w	고자음 ㅆ/ㄷ	고자음 ㅆ/ㄷ	고자음 ㅆ/ㄷ

ห หีบ 상자	ฬ จุฬา 연	อ อ่าง 대야	ฮ นกฮูก 부엉이	
ห	**ฬ**	**อ**	**ฮ**	
허-히-ㅂ	러-쭈ㄹ라-	어-아-ㅇ	허-녹후-ㄱ	
고자음 ㅎ/-	저자음 ㄹ/ㄴ	중자음 ㅇ/-	저자음 ㅎ/-	

*자음 중 **ฃ**과 **ฅ**은 현재 사용하지 않습니다.

 4 태국어의 모음

장모음

Track 00-02

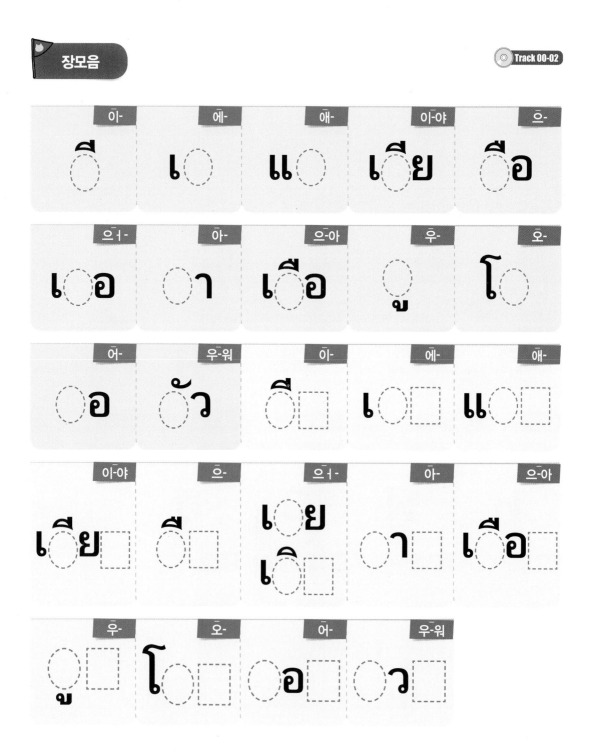

단모음

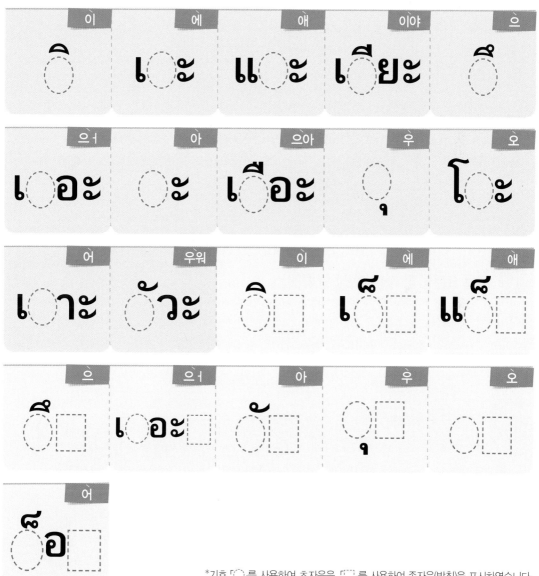

*기호 「◯」를 사용하여 초자음을, 「☐」를 사용하여 종자음(받침)을 표시하였습니다.
*받침이 있는 경우에는 น를 붙여 녹음하였습니다.

DAY 01 발음1
자음과 모음

태국어의 자음

- 태국어의 자음은 총 44개(현재 두 개는 사용하지 않음)로 21개의 음소로 이루어져 있습니다. 일부 자음을 제외하고 종자음(받침)으로도 사용됩니다.

- 각 자음의 첫소리에 장모음 [ㅓ-]를 붙여서 발음하며, 해당 자음의 대표 단어를 같이 읽습니다.

예

ก
꺼-까이

[ㄲ]은 초자음, [ㅓ-]는 초자음과 함께 발음되는 모음, [까이](ไก่)는 초자음 [ㄲ]을 사용하는 대표 단어로 '닭'이라는 뜻입니다.

1 자음 3분법에 따른 초성 분류표

태국어의 자음은 성조를 결정하기 위해 자음 3분법(중/고/저자음)으로 분류되며, 중/저자음은 평성, 고자음은 4성으로 읽습니다.

💬 발음 TIP 알아 두세요!

① 허남 단독 저자음은 초자음 자리에 두 개의 자음이 오는 경우(결합자음) 중 첫 번째 자음인 ห허-히-ㅂ이 두 번째 자음을 이끌며 성조에 영향을 주는 자음(선도자음①)으로, 고자음인 ห허-히-ㅂ은 발음되지 않고 단어의 성조에만 영향을 미칩니다.

예 มา마̌ 오다 หมา마̌ 개[동물]

② 중자음 อ어-아-ㅇ이 ย여y-야̌y 앞에 위치하여 อ어-아-ㅇ은 발음되지 않고 성조에만 영향을 주는 자음(선도자음②)으로 쓰이는 단어는 총 4개로, 실생활에서 자주 쓰이므로 외워 두면 좋습니다.

예 อย่า야̀ ~하지 마라 อยู่유̀ 살다, 있다[존재] อย่าง야̀ㅇ 종류, ~처럼 อยาก야̀ㄱ ~하고 싶다

③ 중자음 อ^{어-아-}ㅇ은 초자음 [ㅇ] 외에 장모음 [ㅓ-]로 쓰일 수도 있고, 중복해서 쓸 수도 있습니다.

예 ค초자음[ㅋ] + อ장모음[ㅓ-] → คอ 커- 목   อ초자음[ㅇ] + อ장모음[ㅓ-] → ออ 어- 들끓다

대응 저자음 (14개)		고자음 (11개)		단독 저자음 (10개)		허(ห)남(นำ) 단독 저자음(8개)		중자음 (9개)	
음가	문자	음가	문자	음가	문자	음가	문자	음가	문자
처-	ช ฌ	처-	ฉ	너-	น ณ	너-	หน	버-	บ
커-	ค ฅ ฆ	커-	ข ฃ	러-[r]	ร	러-[r]	หร	뻐-	ป
퍼-[p]	พ ภ	퍼-[p]	ผ	러-[l]	ล ฬ	러-[l]	หล	더-	ด ฎ
터-	ท ฒ ฑ ธ	터-	ถ ฐ	머-	ม	머-	หม	떠-	ต ฏ
허-	ฮ	허-	ห	응어-[ng]	ง	응어-[ng]	หง	꺼-	ก
써-	ซ	써-	ส ศ ษ	워-[w]	ว	워-[w]	หว	쩌-	จ
풔-[f]	ฟ	풔-[f]	ฝ	여-[y]	ย ญ	여-[y]	หย หญ	어-	อ

*자음 중 ฅ과 ฃ은 현재 사용하지 않습니다.

② 결합자음 [자음+자음+모음+(받침)]

결합자음은 초자음 자리에 자음 두 개가 모음과 함께 구성되어 있는 자음으로, 복합자음(어두자음군)과 선도자음이 있습니다.

① 복합자음(어두자음군)

초자음의 두 번째 자음 자리에 ร러r-르r-아, ล러-ㄹ링, ว워w-웨w-ㄴ 이 결합하여 이루어진 자음군으로, 진성 복합자음과 의사 복합자음이 있습니다.

• 진성 복합자음

첫 번째와 두 번째 자음의 소리가 실제로 발음되는 복합자음을 진성 복합자음이라고 합니다.

첫 번째 자음	두 번째 자음	결합 형태	예시
ก	ร ล ว	กร끄r กล끌 กว끄w	กรุง끄룽r 도시(수도) ไกล끌라이 멀다
ค	ร ล ว	คร크r คล클 คว크w	ครู크루- 선생님 คลอง클러-ㅇ 운하
ข	ร ล ว	ขร크r* ขล클* ขว크w	ขวา콰- 오른쪽 *[카와-]로 읽으면 안 됩니다.
ป	ร ล	ปร쁘r ปล쁠	โปรย쁘로r-0ly- (솔솔) 뿌리다 ปลา쁠라- 생선
พ	ร ล	พร프r พล플	แพร프레- 비단 เพลง플레-ㅇ 노래
ผ	ร ล	ผร프r* ผล플	แผล플레- 상처
ต	ร	ตร뜨r	ตรง뜨롱r 똑바로

* ★가 표시된 진성 복합자음은 현재 잘 쓰이지 않습니다.

발음 TIP 알아 두세요!

① 진성 복합자음은 첫 번째 자음에 단모음 [으] 소리가 붙어서 발음되며, 이 외에 기타 결합자음의 발음은 첫 번째 자음에 단모음 [아] 소리가 붙어서 발음됩니다.

> 예) **ตรา**뜨라r-[O] 따라r-[X] 도장, 상표 **สบาย**싸바-이[O] 쓰바-이[X] 편하다, 잘 지내다

② 진성 복합자음의 첫 번째 자음과 두 번째 자음은 하나의 음절처럼 소리 내며, 성조 또한 하나의 성조만 두 번째 자음 상단에 표기합니다.

> 예) **กวาง**꽈-ㅇ 사슴 **กว้าง**꽈-ㅇ 넓다 **ใคร่**크라r이 갈망하다

• **의사 복합자음**

앞 자리 자음의 소리만 나거나 불규칙한 발음이 나는 복합자음을 의사 복합자음이라고 합니다.

> 예) **จริง**찡 사실이다   **เศร้า**싸오 슬퍼하다   **ทราบ**싸-ㅂ 알다[경어체]
> ↓   ↓   ↓
> **จ**   **ศ**   **ซ**

② 선도자음

복합자음(어두자음군)에 해당하지 않는 두 개의 자음이 초자음 자리에서 두 음절처럼 발음되는 경우에서, 첫 번째 자음이 단어의 성조에 영향을 주는 자음을 선도자음이라고 합니다.

① 허(ห)남 단독 저자음(27쪽 참고) ⎤ ห와 อ는 각각 발음되지 않으며 하나의 자음처럼 발음함
② 어(อ)남 여(ย) 단어 4개(26쪽 참고) ⎦
③ 복합자음과 ①②를 제외한 기타 결합자음 – 첫 번째 자음 자리에 단모음 [아]가 생략된 것으로
                                        간주하여 두 개의 음절로 발음함

*결합자음은 발음의 예외(46쪽 참고)와 밀접한 관련이 있기 때문에 성조 학습을 마친 뒤에 한번 더 체크하세요.

③ 종자음(받침)

생받침 단독 저자음 (10개)		사받침 기타 자음 (26개)	
ㄴ	-น -ณ -ญ -ร -ล -ฬ	ㅂ	-บ -ป -พ -ภ -ฟ
ㅁ	-ม	ㄷ	-ด -ต -ฎ -ฏ -จ -ฑ
ㅇ	-ง		-ฒ -ธ -ถ -ฐ -ฑ -ช -ฌ
w [우]	-ว		-ซ -ส -ศ -ษ
y [이]	-ย	ㄱ	-ก -ค -ฆ -ข

*기호 「ㅡ」 자리에는 초자음 또는 모음이 올 수 있습니다.

🍊 발음 TIP 알아 두세요!

① 태국어에는 [ㄹ] 소리가 나는 종자음이 없습니다.

② -ญ여y-잉y, -ร러r-르r-아, -ล러-ㄹ링, -ฬ러-쭈ㄹ라가 종자음으로 오게 되면 [ㄴ]으로 발음합니다.

③ 종자음에 단모음 ◌ิ이나 ◌ุ우가 올 때 해당 모음이 발음되지 않는 경우가 있으며, 두 단어가 합성어로 이루어질 경우 연음되는 경우도 있습니다.

　예 **อุบัติ**우밧 원인 + **เหตุ**헤ㄷ 근원 → **อุบัติเหตุ**우밧띠헤ㄷ (우발적) 사고

30

 **태국어의 모음**

- 태국어의 모음은 길고 짧음에 따라 장모음과 단모음으로 구분됩니다. 자음을 기준으로 사방에 위치할 수 있습니다.
- 태국어의 모음은 무형성조(43쪽 참고)에 영향을 주고, 변형이 되거나 생략이 가능한 경우가 있습니다.

 태국어 모음표① – 종자음(받침)이 없는 경우

◉ Track 01-02

장모음(12개) – 생음					
◌ี 이-	ผี피- 귀신	◌ือ 으-	มือ므- 손	◌ู 우-	ดู두- 보다
เ◌ 에-	เท테- 붓다, 따르다	เ◌อ 으ㅓ-	เจอ쯔ㅓ- 만나다	โ◌ 오-	โบ보- 리본
แ◌ 애-	แพ패- 뗏목	◌า 아-	ตา따- 눈	◌อ 어-	คอ커- 목
เ◌ีย 이-야	เสีย씨-야 상하다	เ◌ือ 으-아	เสือ쓰-아 호랑이	◌ัว 우-워	ตัว뚜-워 몸, 신체

*기호「◌」를 사용하여 초자음을 표시하였습니다.

DAY 01 자음과 모음 **31**

단모음(12개) – 사음

◌ิ	สิ^씨 명령어조사	◌ึ	หึ^흐 흐흐, 하해[의성어]	◌ุ	ดุ^두 사납다
이		으		우	
เ◌ะ	เปะ^뻬 바르다	เ◌อะ	เถอะ^터 ~합시다	โ◌ะ	โปะ^뽀 (겹쳐) 바르다
에		으어		오	
แ◌ะ	แปะ^빼 짝짝[의성어]	◌ะ	จะ^짜 ~할 것이다	เ◌าะ	เกาะ^꺼 섬, 매달리다
애		아		어	
เ◌ียะ	เปียะ^{삐야} 삐야[상품명]	เ◌อะ	เฮอะ^{흐아} 허헤[의성어]	◌ัวะ	ผัวะ^{푸워} 우지직[의성어]
이야		으아		우워	

*기호 「◌」를 사용하여 초자음을 표시하였습니다.

🍈 발음 TIP 알아 두세요!

① 장모음 중 เ◌อ^{으어}는 우리말의 [으]와 [어]의 중간 발음으로 길게 발음합니다.

예 เธอ^터 그녀, 너

② 장모음 중 두 음절처럼 발음되는 모음은 첫소리를 길게 발음합니다.

예 เสีย^{씨-애(O) 씨야-(X)} 고장 나다, 상하다

③ 장모음과 단모음의 문자 차이는 크지 않지만, [어] 발음은 장모음과 단모음의 문자 모양이 크게 차이납니다. เ◌าะ^어는 단모음이고, ◌อ^어는 장모음입니다.

예 คอ^커 목[신체]　เคาะ^커 노크하다, (가볍게) 두드리다

② 태국어 모음표② – 종자음(받침)이 있는 경우

Track 01-04

장모음 – 생음

◌ี◌	**จีน** 찌ー-ㄴ 중국	◌ือ◌	**คืน** 크ー-ㄴ 갚다	◌ู◌	**คูณ** 쿠ー-ㄴ 곱하다
이-		으-		우-	
เ◌◌	**เกมส์** 께ー-ㅁ 게임	เ◌ย เ◌ิ	**เคย** 크ㅓ-이 ~한 적이 있다 **เดิน** 드ㅓ-ㄴ 걷다	โ◌◌	**โรง** 로ー-ㅇ (넓은) 방
에-		으ㅓ-/으ㅓ-		오-	
แ◌◌	**แดง** 대ー-ㅇ 붉다	◌า◌	**นาน** 나ー-ㄴ (시간이) 길다	◌อ◌	**จอง** 쩌ー-ㅇ 예약하다
애-		아-		어-	
เ◌ีย◌	**เรียน** 리ー-얀 공부하다	เ◌ือ◌	**เดือน** 드ー-안 월, 달	◌ว◌	**สวย** 쑤ー-워이 예쁘다
이-야		으-아		우-워	

Track 01-05

단모음 – 사음

◌ิ◌	**กิน** 낀 먹다	◌ึ◌	**มึน** 믄 어지럽다	◌ุ◌	**คุณ** 쿤 당신
이		으		우	
เ◌็◌	**เร็ว** 레우 빠르다	เ◌อะ◌	**เงิน** 응으ㅓ-ㄴ 돈	◌◌	**นม** 놈 우유
에		으		오	
แ◌็◌	**แค็ป** 캡 모자(cap)	◌ั◌	**กัน** 깐 서로, 함께	◌็อ◌	**ล็อค** 럭 잠그다(lock)
애		아		어	

*기호 「◌」를 사용하여 초자음을, 「□」를 사용하여 종자음(받침)을 표시하였습니다.

① 장모음 **◌ือ**으-에 종자음이 올 경우, **อ**어-아-ㅇ은 사라지고 그 자리에 종자음을 씁니다.

> 예 **ขือ**ㅋ- + **น**ㄴ = **ขืน**ㅋ͞ㄴ 억지로 ~하다

② 장모음 **เ◌อ**으ㅓ-에 종자음으로 **ย**여y-악y이 올 경우, **อ**어-아-ㅇ 대신에 **ย**여y-악y을 종자음으로 씁니다.

> 예 **เคอ**ㅋㅓ- + **ย**이y → **เคย**ㅋㅓ͞-이 ~해본 적이 있다[경험]

만약 **ย**여y-악y 이외의 종자음이 올 경우, **เ◌◌**으ㅓ-와 같이 표기하고 자음 자리에 각각 초자음과 종자음을 씁니다.

> 예 **เดอ**ㄷㅓ- + **น**ㄴ → **เดิน**ㄷㅓ͞-ㄴ 걷다

③ 장모음 **◌ัว**우-워에 종자음이 올 경우, **◌ั**는 사라지고 우측에 해당 종자음을 씁니다.

> 예 **มัว**무-워 + **ย**이y → **มวย**무-워이y 권투

④ 단모음 **เ◌อะ**으ㅓ에 종자음이 오는 경우는 많지 않습니다. **เงิน**응으ㅓㄴ은 모음 표기상 장모음에 속하지만 실제로는 단모음으로 발음되는 예외 단어입니다.

⑤ 단모음 **โ◌ะ**오에 종자음이 오는 경우, 모음부호는 사라지고 자음 두 자만 남게 되며 우측에 있는 자음이 종자음이 됩니다.

> 예 **โชะ**초 + **น**ㄴ → **ชน**촌 부딪히다

⑥ 단모음 **◌ะ**아에 종자음이 오는 경우, 모음부호 **ะ**가 **◌ั**로 바뀌어 초자음의 위에 위치합니다.

> 예 **หะ**하 + **น**ㄴ → **หัน**한 향하다

⑦ 단모음 **เ◌ะ**에와 **แ◌ะ**애 또는 **เ◌าะ**어에 종자음이 오는 경우, **ะ** 또는 **เ◌าะ**어가 사라지고 단모음화 부호인 **◌็**를 초자음의 위에 쓴 뒤 해당 종자음을 씁니다.

> 예 **เปะ**뻬 + **น**ㄴ → **เป็น**뻰 ~이다

만약, 이런 단어들에 성조부호가 붙는 경우, ◌่ 부호는 생략하고 해당 성조만 표기합니다.
(모음표의 예시 단어는 성조부호가 붙지 않은 단어입니다.)

예
- **เก่ง** : **เกะ** + **ง** → **เก็ง** + ◌่ → **เก่ง**^껭 잘하다
- **เล่น** : **เละ** + **น** → **เล็น** + ◌่ → **เล่น**^렌 놀다, 연주하다
- **เต้น** : **เตะ** + **น** → **เต็น** + ◌้ → **เต้น**^뗀 춤추다
- **แต่ง** : **แตะ** + **ง** → **แต็ง** + ◌่ → **แต่ง**^땡 분장하다
- **ท่อง** : **เทาะ** + **ง** → **ท็อง** + ◌่ → **ท่อง**^텅 거닐다
- **ผ่อน** : **เผาะ** + **น** → **ผ็อน** + ◌่ → **ผ่อน**^펀 완화하다
- **ต้อง** : **เตาะ** + **ง** → **ต็อง** + ◌้ → **ต้อง**^떵 ~해야 한다
- **ห้อง** : **เหาะ** + **ง** → **ห็อง** + ◌้ → **ห้อง**^형 ~실, ~방
- **หน่อย** : **เหนาะ** + **ย** → **หน็อย** + ◌่ → **หน่อย**^{너이} 조금, 좀
- **บ่อย** : **เบาะ** + **ย** → **บ็อย** + ◌่ → **บ่อย**^{버이} 자주

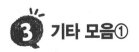
(●) **Track 01-06**

문자	음가	예시
ำ	암	**จำ** 짬 기억하다 **คำ** 캄 단어, 말 **ตำ** 땀 찧다
เา	아오	**เขา** 카오 그 사람 **เมา** 마오 (술 등에) 취하다 **เกา** 까오 긁다
ไ	아이	**ไม่** 마이 ~이 아니다[부정] **ได้** 다이 ~할 수 있다 **ไหม** 마이 의문조사
ใ	아이	**ใคร** 크라이 누구[의문사] **ใช่** 차이 맞다, 그렇다 **ใหม่** 마이 새롭다 ＊ **ใ**를 사용하는 단어는 총 20개임

🍊 **발음 TIP 알아 두세요!**

① 기타 모음의 발음은 단모음(사음)이지만, 성조를 계산할 때에는 장모음(생음)으로 구분됩니다.

② 실제 회화에서 단독으로 쓰이거나 끝음절에 쓰이면 장모음으로 발음하는 단어를 알아 두세요.

例 **เช้า** 차오 아침 **เท้า** 타오 발 **ไม้** 마이 나무 **น้ำ** 나ㅁ 물

③ 기타 모음에는 원칙적으로 종자음(받침)이 올 수 없지만 예외적인 경우가 있습니다.
대표적인 예외 단어로는 '태국'을 의미하는 **ไทย** 타이가 있습니다.

④ 단모음 **ใ** 아이를 사용하는 단어(20개)를 실생활에서 자주 쓰이는 순으로 제시했습니다.

例
- **ใช่** 차이 맞다
- **ใช้** 차이 사용하다
- **ใคร** 크라이 누구
- **ใกล้** 끌라이 가깝다
- **ใหม่** 마이 새롭다
- **ใหญ่** 야이 크다
- **ใจ** 짜이 마음
- **ให้** 하이 주다
- **ใส่** 싸이 넣다
- **ใน** 나이 ~안에
- **ใส** 싸이 맑다
- **ใต้** 따이 아래

- **ใบ**바이 나뭇잎　　　· **ใย**야이 섬유　　　· **ใด**다이 어느　　　· **สะใภ้**싸파이 며느리

- **หลงใหล**롱라이 도취하다　　· **ใคร่**크라이 갈망하다　　· **ใฝ่**파이 바라다

- **ใบ้**바이 벙어리의

4 기타 모음②

단모음		장모음	
ฤ르r, 리r, 러r	ฦ르	ฤๅ르-	ฦๅ르-

발음 TIP 알아 두세요!

① 위의 모음들은 문자 분류상 모음이지만 자음처럼 단독으로 사용이 가능합니다.

　예 **ฤดู**르두- 계절　　　**ฤๅษี**르-씨- 도사

② 외래어를 표기하는 데 쓰였으나, 현재는 일부 고유명사 외에는 잘 쓰이지 않습니다.

　예 **อังกฤษ**앙끄릳r 영국

DAY 01 자음과 모음　37

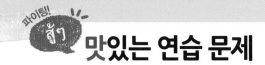 **맛있는 연습 문제**

실력 쑥쑥!!

1 녹음을 잘 듣고 일치하는 단어를 고르세요.   ⊚ Track 01-08

① สวย / เสวย

② ม้า / หมา

③ เคอะ / คอ

2 녹음을 잘 듣고 알맞은 자음을 쓰세요.   ⊚ Track 01-09

① ◯ม   ◯ิน   อาหา◯   ไ◯ย

② ◯มา   ◯า   ◯ย่าง   เร็◯

3 녹음을 잘 듣고 알맞은 모음을 쓰세요.   ⊚ Track 01-10

① ◯ข◯   ◯ส่   เ◯อ   อ◯

② ◯ธ◯   ◯ต่ง   ◯ว   ส◯ย

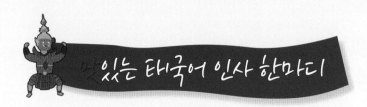

맛있는 태국어 인사 한마디

1 안녕하세요.

싸왇디- 크랍
สวัสดีครับ

싸왇디- 카
สวัสดีค่ะ

2 잘 지내셨어요?

싸바-이 디- 르-크랍
สบายดีหรือครับ

싸바-이 디- 르-카
สบายดีหรือคะ

3 또 만나요.

폽 깐 마이 크랍
พบกันใหม่ครับ

폽 깐 마이 카
พบกันใหม่ค่ะ

4 행운을 빌어요.

초-ㄱ 디- 나크랍
โชคดีนะครับ

초-ㄱ 디- 나카
โชคดีนะคะ

동영상 강의

DAY 02 발음2 성조

태국어의 성조

태국어에는 5가지 성조와 4개의 성조부호가 있으며, 성조부호 유무에 따라 유형성조와 무형성조로 나뉩니다.

⚠ 성조의 정확도에 따라 의미 전달이 좌우되기 때문에 반드시 원어민 성우의 음성을 들으면서 연습하세요.

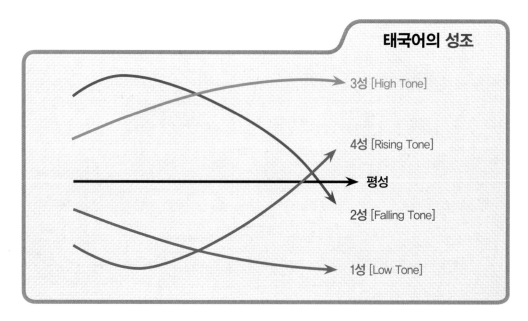

태국어의 성조

- 3성 [High Tone]
- 4성 [Rising Tone]
- 평성
- 2성 [Falling Tone]
- 1성 [Low Tone]

◎ Track 02-01

เสียงสามัญ	เสียงเอก	เสียงโท	เสียงตรี	เสียงจัตวา
씨-양 싸-만	씨-양 에-ㄱ	씨-양 토-	씨-양 뜨리-	씨-양 짣따와-
평성 [一]	1성 [＼]	2성 [⌃]	3성 [／]	4성 [˅]
보통 높이의 발음	평성보다 점점 낮게 발음	평성에서 높아졌다가 평성 유지	평성보다 점점 높이며 유지	평성보다 낮아졌다가 평성 유지
กา 까	ก่า 까	ก้า 까	ก๊า 까	ก๋า 까

40

- 성조부호가 있을 때의 성조 법칙을 **유형성조**라고 합니다. 평성은 성조부호를 표기하지 않고, 1, 2, 3, 4성만 성조부호를 표기합니다.

- 성조부호는 일반적으로 초자음의 우측 상단에 표기하며, 결합자음(복합자음, 선도자음)의 경우에는 두 번째 자음의 우측 상단에 표기합니다.

1성 부호	2성 부호	3성 부호	4성 부호
◌่	◌้	◌๊	◌๋
ไข่카이 알, 달걀	ต้ม똠 끓이다	ตุ๊กตุ๊ก뚝뚝 삼륜차	ตั๋ว뚜어 표, 티켓

*기호 「◌」를 사용하여 초자음을 표시하였습니다.

 유형성조의 규칙

 Track 02-02

1 중자음

중자음은 1, 2, 3, 4성 부호를 모두 사용할 수 있으며, 각 성조대로 발음합니다.

1성 부호	2성 부호	3성 부호	4성 부호
เต่า^{따오} 거북이	**เก้า**^{까오} 9, 아홉	**โต๊ะ**^또 책상	**เดี๋ยว**^{디여우} 잠깐
ต่าง^{따ㅇ} 각자, 각각	**ก้าว**^{까우} 걷다, 걸음	**ตุ๊กตา**^{뚝까따} 인형	**ตั๋ว**^{뚜워} 표

2 고자음

고자음은 1, 2성 부호를 사용할 수 있으며, 각 성조대로 발음합니다.

1성 부호	2성 부호	3성 부호	4성 부호
ข่าว^{카우} 뉴스, 소식	**ข้าว**^{카우} 밥, 쌀		
เข่า^{카오} 무릎	**เข้า**^{카오} 들어가다	사용할 수 없음	

3 저자음

저자음은 1, 2성 부호를 사용할 수 있습니다. 하지만 1성 부호는 2성으로, 2성 부호는 3성으로 발음합니다.

1성 부호 *2성으로 발음	2성 부호 *3성으로 발음	3성 부호	4성 부호
พ่อ^파 아빠	**ซื้อ**^쓰 사다		
แม่^매 엄마	**ช้าง**^{차ㅇ} 코끼리	사용할 수 없음	

무형성조

무형성조는 단어(음절)에 성조부호가 없습니다. 자음 3분법(중/고/저자음)에 따라 자음을 구분하고 생음(장모음/생받침)과 사음(단모음/사받침)을 판단한 후, 아래의 규칙을 적용하면 쉽게 익힐 수 있습니다.

1 종자음이 없는 경우

Track 02-03

종자음이 없는 경우 아래의 규칙에 따라 성조를 적용합니다. 「저자음+사음(단모음)=3성」이 되는 경우와 단모음(사음)이지만 성조를 계산할 때에는 장음(생음)으로 구분되는 기타모음 (36쪽 참고)에 주의합니다.

1 중자음 + (장모음)생음 → 평성

예 ต중자음 + ๅ(장모음)생음 → ตา따- 눈, 외할아버지

ต중자음 + โ(장모음)생음 → โต또- 크다

중자음 + (단모음)사음 → 1성

예 จ중자음 + ะ(단모음)사음 → จะ짜 ~할 것이다

⚠ ป중자음 + ไ(단모음)생음 → ไป빠이 가다

2 고자음 + (장모음)생음 → 4성

예 ห고자음 + ◌ัว(장모음)생음 → หัว후ˇ워 머리

ส고자음 + เ◌ือ(장모음)생음 → เสือ쓰ˇ아 호랑이

고자음 + (단모음)사음 → 1성

예 ถ고자음 + เ◌อะ(단모음)사음 → เถอะ트ˋ어 ~합시다[권유]

⚠ ส고자음 + ใ(단모음)생음 → ใส싸ˇ이 맑다

3 저자음 + (장모음)생음 → **평성**

> 예 **ย**저자음 + **า**(장모음)생음 → **ยา**야- 약
>
> **ท**저자음 + **า**(장모음)생음 → **ทา**타- 바르다

저자음 + (단모음)사음 → 3성

> 예 **ค**저자음 + **ะ**(단모음)사음 → **คะ**카 여성 존칭어조사[의문]
>
> ⚠ **ท**저자음 + **◌ํา**(단모음)생음 → **ทำ**탐 하다, 만들다

---

❷ 종자음이 있는 경우   ◎ Track 02-04

「저자음+사받침」의 경우에는 장/단모음에 따라 성조가 바뀌는 것에 주의합니다.

1 중자음 + (모음 무관) + **생받침**(단독 저자음) → **평성**

> 예 **จ**중자음 + **า**장모음 + **น**생받침 → **จาน**짜-ㄴ 접시
>
> **ก**중자음 + **◌ิ**단모음 + **น**생받침 → **กิน**낀 먹다

중자음 + (모음 무관) + 사받침(단독 저자음 외) → **1성**

> 예 **ป**중자음 + **เ◌อ**장모음 + **ด**사받침 → **เปิด**쁘ㅓ-ㄷ 열다
>
> **ป**중자음 + **◌ิ**단모음 + **ด**사받침 → **ปิด**삗 닫다

2 고자음 + (모음 무관) + **생받침** → **4성**

> 예 **ข**고자음 + **า**장모음 + **ย**생받침 → **ขาย**카-이 팔다
>
> **ฝ**고자음 + **ะ**단모음 + **น**생받침 → **ฝัน**판 꿈

고자음 + (모음 무관) + 사받침 → 1성

> 예 **ฝ**고자음 + **า**장모음 + **ก**사받침 → **ฝาก**파-ㄱ 맡기다
>
> **ผ**고자음 + **ะ**단모음 + **ก**사받침 → **ผัก**팍 야채, 채소

44

3 **저자음 + (모음 무관) + 생받침 → 평성**

   예 **ง**저자음 + **า**장모음 + **น**생받침 → **งาน**응아-ㄴ 일, 업무

       ย저자음 + ◌ุ단모음 + **ง**생받침 → **ยุง**융 모기

저자음 + 장모음 + 사받침 → 2성

   예 **ช**저자음 + **อ**장모음 + **บ**사받침 → **ชอบ**처-ㅂ 좋아하다

       ม저자음 + **า**장모음 + **ก**사받침 → **มาก**마-ㄱ 많이

저자음 + 단모음 + 사받침 → 3성

   예 **ร**저자음 + โ◌ะ단모음 + **ถ**사받침 → **รถ**롣 (자동)차

       ล저자음 + เ◌ะ단모음 + **ก**사받침 → **เล็ก**렉 작다

 발음의 예외

1 초자음 자리에 오는 두 개의 자음이 두 음절처럼 발음되는 경우

Track 02-05

결합자음 중 복합자음과 선도자음의 「허(**ห**)남 단독 저자음」과 「어(**อ**)남 여(**ย**)」를 제외하고 초자음 자리에 자음이 두 개 오는 경우, 첫 번째 자음에는 단모음 [아] 소리가 붙어서 발음됩니다.

(29쪽 선도자음 참고)

①

첫 번째 자음	두 번째 자음
중자음 고자음	단독 저자음

+ 모음 + (종자음) → 첫 번째 자음이 전체 성조에 영향

ต중자음 + ล단독 저자음 + า장모음 + ด사받침 → **ตลาด**[ตะ-หลาด] 따ㄹ라ㄷˇ 시장

ส고자음 + ย단독 저자음 + า장모음 + ม생받침 → **สยาม**[สะ-หยาม] 싸야ˇ-ㅁ 시암(Siam)

②

첫 번째 자음	두 번째 자음
중자음 고자음 저자음	단독 저자음 외

+ 모음 + (종자음) → 첫 번째 자음과 두 번째 자음의 성조는 분리

ส고자음 + บ단독 저자음 외 + า장모음 + ย생받침 → **สบาย**[สะ-บาย] 싸바ˇ-이 편안하다

ก중자음 + บ단독 저자음 외 + โ◌ะ단모음 + ฏ사받침 → **กบฏ**[กะ-บด] 까봇ˆ 반역, 반란

③ 일부 외래어는 위의 규칙이 적용되지 않는 경우도 있습니다.

ส고자음 + ม단독 저자음 + า장모음 + ธิ → **สมาธิ**[สะ-มา-ทิ] 싸마ˇ-티(O) 싸마ˇ-티(X) 집중(력)

ส고자음 + ม단독 저자음 + า장모음 + คม → **สมาคม**[สะ-มา-คม]
싸마ˇ-콤(O) 싸마ˇ-콤(X) 교제하다, 협회

ส고자음 + ม단독 저자음 + า장모음 + ชิก → **สมาชิก**[สะ-มา-ชิก]
싸마ˇ-칙(O) 싸마ˇ-칙(X) 회원, 식구

อ중자음 + น단독 저자음 + ◌ุ단모음 + ญาต → **อนุญาต**[อะ-นุ-ยาด]
아누야ˆ-ㄷ(O) 아누아ˆ-ㄷ(X) 허가하다

46

2 ร러r–르r–아 **관련**

① 초자음에 **ศ**써-싸-ㄹ라, **ส**써-쓰-아, **จ**쩌-짜-ㄴ이 오고 두 번째 자음 자리에 **ร**러r–르r–아가 오는 경우에는 **ร**러r–르r–아는 묵음이 되며, 성조는 첫 번째 자음의 성조가 적용됩니다. (29쪽 의사 복합자음 참고)

> 예 **เศร้า**^싸오 상심하다   **เสร็จ**^쎋 끝나다   **จริง**^찡 사실이다

② 저자음 **ท**터-타하-ㄴ과 **ร**러r–르r–아가 만나면 저자음 **ซ**써-쏘-로 발음되며, 성조 또한 저자음 **ซ**써-쏘-를 따릅니다. (29쪽 의사 복합자음 참고)

> 예 **ทราบ**^싸ㅂ 알다[경어체]   **ทราย**^싸이 모래

⚠ 일부 단어는 **ซ**써-쏘-가 아닌 [트ㄹr] 또는 [타-ㄹr]로 발음됩니다.

> 예 **จันทรา**^{짠트라}r- 달   **ทรมาน**^{타-라마}ㄴ 고통스럽다, 괴롭히다

③ ○**ร**에 해당하는 경우, 장모음 [어-ㄴ]으로 발음됩니다.

> 예 **อักษร**^{악써}-ㄴ 글자   **ละคร**^{라커}-ㄴ 연극, 드라마   **จราจร**^{짜라}r-쩌-ㄴ 교통

⚠ 일부 단어는 ○**ร**의 경우, **ร**러r–르r–아가 묵음이 되어 발음이 되지 않습니다.

> 예 **บัตร**^받 카드, 신분증   **เพชร**^펟 보석, 다이아몬드   **จักร**^짝 기계

⚠ ○**ร**의 경우가 아닌 「장모음 **า** + **ร**」의 경우, 종자음의 음가 [ㄴ]으로 발음됩니다.

> 예 **ทหาร**^{타하}-ㄴ 군인   **การบ้าน**^{까-ㄴ바}-ㄴ 숙제   **ธนาคาร**^{타나카}-ㄴ 은행

④ ○**รร**에 해당하는 경우, 단모음 [안]으로 발음됩니다.

> 예 **สวรรค์**^{싸완} 천국   **บรรทัด**^{반탇} 직선, 행   **กรรไกร**^{깐끄라}r이 가위

⑤ ○**รร**○에 해당하는 경우, 단모음 [아]로 발음됩니다.

> 예 **สุวรรณ**^{쑤완} 금   **วรรค**^왁 (문장이나 구의) 간격   **กรรม**^깜 업, 행위

⑥ 일부 자음과 ร라r-ะ르ะ-อ아가 만나면 첫 번째 자리의 자음은 장모음 [어-]로 발음될 때가 있습니다.

예 **บริษัท**버-리쌋 회사   **บริหาร**버-리하-ㄴ 관리하다   **จระเข้**쩌-라r케- 악어

③ 기타 성조법이 적용되지 않는 예외 단어   Track 02-06

- **อดิเรก**아디레r-ㄱ 특별하다   · **สามารถ**싸-마-ㄷ ~할 수 있다   · **ศีรษะ**씨-싸 머리

- **เกียรติ**끼-얏 명예, 존경   · **สำเร็จ**쌈렏r 완성(성공)하다   · **ตำรวจ**땀루r-웓 경찰

- **ประโยค**쁘라r요-ㄱ 문장   · **ประโยชน์**쁘라r요-ㄷ 이익, 유익

- **ประวัติ**쁘라r왇 역사, 이력   · **พุทธศักราช(พ.ศ.)**풋타싹까라r-ㄷ (퍼-씨-) 불력

- **คริสต์ศักราช(ค.ศ.)**크릳r싹까라r-ㄷ (커-씨-) 서력[불력-543년]

🍋 **발음 TIP 알아 두세요!**   *성조를 연습해 보세요.

마이 마이 마이 마이 차이 마이
· **ไม้ ใหม่ ไม่ ไหม้ ใช่ ไหม** 새 나무가 타지 않았죠?

크라r이 카이 카이 까이
· **ใคร ขาย ไข่ ไก่** 누가 계란을 팔아요?

마- 마- 마- 마이 마-
· **ม้า มา หมา ไม่ มา** 말은 왔고 개는 오지 않았다.

마- 마- 마- 마이 마-
· **หมา มา ม้า ไม่ มา** 개는 왔고 말은 오지 않았다.

48

태국어에는 다음과 같은 특수한 부호들이 있습니다.

부호명	부호	내용
ไม้ไต่คู้ 마이따이쿠-	◌็	단모음화 표시로 자음 상단에 씁니다.
		เด็ก덱 어린이 *ก็꺼-(또한, ~도)는 2성 장모음으로 발음합니다.
ไม้ยมก 마이야목	단어(구) + **ๆ**	복수 또는 강조 표현으로 해당 단어(구)를 두 번 읽습니다. 자음 우측에 씁니다.
		เด็ก ๆ덱덱 어린이들[복수] **มาก ๆ**막마-ㄱ 너무[강조]
ไม้ทัณฑฆาต 마이탄타카-ㄷ	◌์	묵음 표시로 자음 상단에 씁니다.
		อาทิตย์아-틷 주, 주일
ไปยาลน้อย 빠이야-ㄴ 너-이	단어 + **ฯ**	축약 또는 생략 표시로 단어 우측에 씁니다.
		กรุงเทพฯ끄룽테-ㅂ 방콕
ไปยาลใหญ่ 빠이야-ㄴ 야이	**ฯลฯ**	'기타 등등'을 나타내는 표시로 단어 우측에 씁니다.
		ทุเรียน มะม่วง กล้วย ฯลฯ <small>투리-얀 마무-웡 끌루워이 래은으-ㄴ 두리안 망고 바나나 기타 등등</small>

🔍 **발음 TIP 알아 두세요!**

장모음이 연속해서 오는 경우, 첫 번째 발음은 두 번째 발음보다 짧게 합니다.

예 **มาก ๆ**막마-ㄱ 너무[강조]   **ฯลฯ**래은으-ㄴ 기타 등등

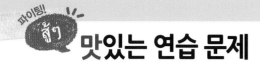

맛있는 연습 문제

1 녹음을 잘 듣고 일치하는 단어를 고르세요. ◉ Track 02-07

① กาว
ก้าว

② ตั๋ว
ตัว

③ ข้าว
ขาว

2 녹음을 잘 듣고 알맞은 「초자음+모음+(성조)」를 써보세요. ◉ Track 02-08

① ⬜ อ   แ⬜   ⬜ อ   ⬜ าง

② เ⬜ ยว   ⬜ าย   ⬜ ว   ⬜ ก ⬜ ก

3 〈보기〉와 같이 주어진 단어의 (무형) 성조를 써보세요.

> **보기** ชอบ → ช(저)자음 + อ(장)모음 + บ(사)받침 → 2성 장모음

① ฝาก → ฝ( )자음 + า( )모음 + ก( )받침 → _____

② ของ → ข( )자음 + อ( )모음 + ง( )받침 → _____

③ เล็ก → ล( )자음 + เ ◌ ็ ะ( )모음 + ก( )받침 → _____

50

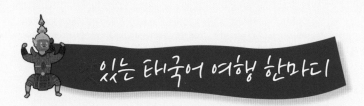

🔘 Track 02-09

1 감사합니다.

커-ㅂ쿤 크랍
ขอบคุณครับ

커-ㅂ쿤 카
ขอบคุณค่ะ

2 죄송합니다.

커-토-ㄷ 크랍
ขอโทษครับ

커-토-ㄷ 카
ขอโทษค่ะ

3 이거 주세요.

커- 안니- 크랍
ขออันนี้ครับ

커- 안니- 카
ขออันนี้ค่ะ

4 아주 맛있어요.

아러r-이 마-ㄱ 크랍
อร่อยมากครับ

아러r-이 마-ㄱ 카
อร่อยมากค่ะ

인사하기

싸바 이디- 마이 크랍
สบายดี ไหม ครับ
잘 지내셨어요?

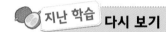 **지난 학습** **다시 보기**

◆ 태국어의 자음은 총 44개로 세 가지의 자음군으로 이루어져 있어요.

    * ฃ, ฅ은 현재 사용되지 않음

> 성조를 결정하는 가장 중요한 요소는
> 자음의 3분류(중/고/저자음)예요.

◆ 태국어의 모음은 총 32개로 장모음과 단모음,
기타 모음으로 나뉘어요.

> 이중모음(이-야/으-아/우-아) 발음 시
> 앞의 음절에 강세를 주어 발음해요.

◆ 태국어의 종자음(받침)은 생받침(ㄴ, ㄹ, ㅁ, ㅇ, y, w)과
사받침(ㅂ, ㄷ, ㄱ)으로 나뉘어요.

> 태국어에는 'ㄹ' 받침이 없어요.

스토리 미리 듣기 🔘 **Track 03-01**

TODAY
스토리
회화

태국 여행 첫날, 영우는 SNS로 알게 된 플러이를 왓 아룬에서 만났어요.
두 사람의 첫만남을 들어 볼까요?

TODAY
학습
포인트

⭐ '~이다' 표현 과
⭐ 의문문을 만드는 **ไหม**마이

오늘의 여행지는?

Post Card

'새벽사원'으로 잘 알려진 **왓 아룬**은 방콕의 대표적인 사원으로, 짜오프라야 강변에 있어요. 이곳에서는 국왕을 포함해 국민의 약 95%가 불교를 믿는 **불교 국가인** 태국의 면모와 아름다운 야경을 볼 수 있어요.

© rabbitfinace

TODAY
핵심 패턴

폼 츠- 리-여-ㅇ우- 크랍
01 **ผม ชื่อ ลียองอู ครับ**
제 **이름**은 이영우**입니다**.

싸바-이 디- 마이 크랍
02 **สบายดี ไหม ครับ**
잘 지내셨어**요?**

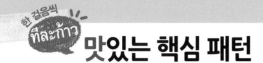

맛있는 핵심 패턴

🎧 Track 03-03

01

^폼 ^{츠-} ^{리-여-ㅇ우-} ^{크랍}
ผม ชื่อ ลียองอู ครับ
저 이름이 ~이다   이영우   어조사

→ 제 이름은 이영우입니다.

✓ 인칭대명사와 존칭어조사

인칭 대명사	1인칭	**ผม**^폼 제[남성] **(ดิ)ฉัน**^{(디)찬} 제[여성] **เรา**^{라오} 나, 우리		
	2인칭	**คุณ**^쿤 당신, ~씨 **เธอ**^{트ㅓ-} 너		
	3인칭	**ท่าน**^탄 그분 **เขา**^{카오} 그 사람		
존칭 어조사	남성	**ครับ**^{크랍} [평서문/의문문] **นะครับ**^{나크랍} [친근함]		
	여성	**ค่ะ**^카 [평서문] **คะ**^카 [의문문] **นะคะ**^{나카} [친근함]		

자신과 나이 차이가 많이 나지 않는 경우, 손윗사람에게는 **พี่**^{피-}, 손아랫사람에게는 **น้อง**^{너-ㅇ}과 같은 표현을 써서 친근함을 나타낼 수 있습니다.

단어

ผม^폼 제[남성 1인칭 대명사]

(ดิ)ฉัน^{(디)찬}
제[여성 1인칭 대명사]

ชื่อ^{츠-} 이름

เป็น^뻰 ~이다

คน^콘 사람

เกาหลี^{까오ㄹ리-} 한국

นี่^{니-} 이[지시대명사]

คือ^{크-} (바로, 즉) ~이다

กล้วย^{끌루워이} 바나나

✓ '~이다' 표현

일반적으로 '~이다' 표현은 동사 **เป็น**^뻰이나 **คือ**^{크-}를 사용합니다.

^폼 ^뻰 ^콘 ^{까오ㄹ리-} ^{크랍}
예 ผม เป็น คน เกาหลี ครับ
저는 한국 사람입니다.

^{니-} ^{크-} ^{끌루워이} ^카
นี่ คือ กล้วย ค่ะ
이것은 바나나입니다.

ชื่อ^{츠-}는 '이름'이라는 의미의 명사이지만 '이름이 ~이다'라는 동사의 의미도 포함하고 있기 때문에, 이름을 말할 때는 '~이다'에 해당하는 동사인 **เป็น**^뻰이나 **คือ**^{크-}를 사용하지 않아도 됩니다.

🍲 표현 TIP

เขา^{카오}와 **ฉัน**^찬은 4성이지만 인칭대명사로 쓰일 경우 3성으로 발음하는 습관이 있어요.

🍲 표현 TIP

เป็น^뻰은 귀속이나 직업을 말할 때, **คือ**^{크-}는 정의, 지시, 나열할 때 주로 써요.

54

▶ 다음 |보기|와 같이 연습해 보세요.

|보기|
01

^폼 ^{츠-} ^{리-여-ㅇ우-} ^{크랍}
ผม ชื่อ ลียองอู ครับ

제 이름은 이영우입니다.

^{카오} ^{쩨-ㅁ}
① เขา / เจมส์

^탄 ^{에-ㄱ}
② ท่าน / เอก

^{디찬} ^{폰f}
③ ดิฉัน / ฝน

단어

เขา^{카오} 그 사람

เจมส์^{쩨-ㅁ} 제임스(james)

ท่าน^탄 그분

เอก^{에-ㄱ} 제1의, 첫째의

ดิฉัน^{디찬}
저[여성 1인칭 대명사]

ฝน^{폰f} 비

|보기|
02

^{디찬} ^뻰 ^콘 ^{까오ㄹ리-} ^카
ดิฉัน เป็น คน เกาหลี ค่ะ

저는 한국 사람입니다.

^폼 ^콘 ^{타이}
① ผม / คน ไทย

^{디찬} ^콘 ^{이-뿐}
② ดิฉัน / คน ญี่ปุ่น

^{카오} ^콘 ^{찌-ㄴ}
③ เขา / คน จีน

단어

ไทย^{타이} 태국

ญี่ปุ่น^{이-뿐} 일본

จีน^{찌-ㄴ} 중국

02

싸바-이 디- ‧ 마이 ‧ 크랍
สบายดี ไหม ครับ
잘 지내다 ‧ 의문조사 ‧ 어조사

→ 잘 지내셨어요?

✓ 의문문을 만드는 **ไหม**마이

태국어는 물음표를 쓰지 않고 특정한 단어를 사용해서 의문문을 만듭니다. 대표적인 의문조사로 **ไหม**마이가 있는데, **ไหม**마이는 주로 상대방의 의사를 물을 때 쓰며, 보통 문장 끝에 위치합니다.

빠-이 ‧ 티-여우 ‧ 마이 ‧ 크랍
🔊 *A* **ไป เที่ยว ไหม ครับ** 놀러 가나요?

빠-이 ‧ 티-여우 ‧ 카
B1 **ไป (เที่ยว) ค่ะ** (놀러) 갑니다.

마이 ‧ 빠-이 ‧ 티-여우 ‧ 카
B2 **ไม่ ไป (เที่ยว) ค่ะ** (놀러) 가지 않습니다.

✓ 부정문을 만드는 **ไม่**마이

동사와 형용사의 부정은 「**ไม่**마이+동사/형용사」 형식을 사용합니다.

마이 ‧ 러-ㄴ
🔊 **ไม่ ร้อน** 덥지(뜨겁지) 않다.

명사의 부정은 「**ไม่ใช่**마이차이+명사」 형식을 사용합니다.

마이 차이 ‧ 콘 ‧ 이-뿐
🔊 **ไม่ใช่ คน ญี่ปุ่น** 일본 사람이 아니다.

สบายดี싸바-이 디- 잘 지내다

ไหม마이 의문조사

ไป빠-이 가다

เที่ยว티-여우 놀러 가다

ไม่마이 부정화소

ร้อน러-ㄴ 덥다. 뜨겁다

📀 표현 TIP

단순한 사실을 물을 때 는 문장 끝에 **หรือ**르- 를 써서 표현해요. 회화 에서는 **เหรือ**르- 또 는 **หรอ**러-로 더 많이 쓰여요.

ร้อน หรือ ครับ
러-ㄴ 르- 크랍 더워요?

📀 표현 TIP

ไหม마이는 성조법상 4 성으로 발음하는 것이 원 칙이지만 의문조사로 사 용될 경우, 3성으로 발음 하는 습관이 있어요.

56

▶ 다음 |보기|와 같이 연습해 보세요.　　　　　　　　　　　　　　　　◎ **Track 03-07**

|보기|
03　　낀　카̂-우　마́이　크랍
　　กิน ข้าว ไหม ครับ
　　식사하나요?

단어

①　빠이　티̂-여우
　ไป เที่ยว

②　두-　낭̆
　ดู หนัง

③　리r-얀　파-싸̆-　타-이
　เรียน ภาษา ไทย

กิน낀 먹다
ข้าว카̂-우 밥, 쌀
ดู두- 보다
หนัง낭̆ 영화
เรียน리r-얀 공부하다
ภาษา파-싸̆- 언어

◎ **Track 03-08**

|보기|
04
긍정 　카̂ 낀 카̂　　　　　　　　　부정 마́이 낀 카̂
ค่ะ กิน ค่ะ　　　　　　　　　　　**ไม่ กิน ค่ะ**
네, 먹어요.　　　　　　　　　　　　안 먹어요.

①　빠이
　ไป

②　두-
　ดู

③　리r-얀
　เรียน

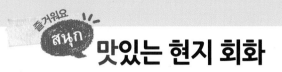

맛있는 현지 회화

회화 듣기 ◎ Track 03-09 직접 따라 말하기 ◎ Track 03-10

☀ 영우와 플러이가 왓 아룬에서 만났어요.

영우
^{싸왙디- 크랍 폼 츠- 리-여-ㅇ우- 크랍}
สวัสดี ครับ ผม ชื่อ ลียองอู ครับ

플러이
^{싸왙디- 카 쿤 여-ㅇ우- 디찬 츠- 플러-이 카}
สวัสดี ค่ะ คุณ ยองอู ดิฉัน ชื่อ พลอย ค่ะ

영우
^{싸바-이 디- 마이 크랍 쿤 플러-이}
สบายดี ไหม ครับ คุณ พลอย

플러이
^{카 싸바-이 디- 카}
ค่ะ สบายดี ค่ะ

단어   ◎ Track 03-11

• **สวัสดี**^{싸왙디-} 안녕 • **ครับ**^{크랍} 존칭어조사[남성] • **ผม**^폼 제[남성 1인칭 대명사] • **ชื่อ**^{츠-} 이름 • **ค่ะ**^카 존칭어조사
[여성] • **คุณ**^쿤 당신, 은혜 • **ดิฉัน**^{디찬} 제[여성 1인칭 대명사] • **พลอย**^{플러-이} 보석 • **สบาย**^{싸바-이} 편안하다, 평안
하다 • **ดี**^{디-} 좋다, 잘

58

영우 안녕하세요. 제 이름은 이영우예요.

플러이 안녕하세요, 영우 씨. 제 이름은 플러이예요.

영우 플러이 씨, 잘 지내셨어요?

플러이 네, 잘 지냈어요.

맛있는 회화 TIP

태국 사람들은 주로 별명으로 불러요!

태국 사람들은 본명을 「이름+성」의 순서로 말하는데, 이름이 길고 발음이 어려운 경우가 많기 때문에 주로 별명을 불러요. 동물이나 과일 이름 등 일상 속에서 쉽게 접하는 단어나 영어에서 차용된 단어를 별명으로 사용해요.

예 แตงโม 수박 นก 새 เจี๊ยบ 병아리 น้ำฝน 빗물 เอ (영어 알파벳의) A

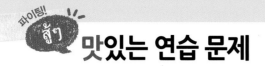

맛있는 연습 문제

1 녹음을 잘 듣고 일치하는 단어를 고르세요.　　　　　　　　　　🔘 **Track 03-13**

① ข้าว

เขา

② ชื่อ

ซื้อ

③ ไหม

ไม่

2 빈칸에 들어갈 알맞은 표현을 〈보기〉에서 골라 쓰세요.

보기	ไหม	ไม่	คนเกาหลี

① 저는 한국 사람입니다.　→　**ดิฉันเป็น_____ค่ะ**

② 태국어를 배우시겠습니까?　→　**เรียนภาษาไทย_____ครับ**

③ 밥을 안 먹겠습니다.　→　**_____กินข้าวค่ะ**

*힌트

- ① → 54쪽 **01** 참고
- ②③ → 56쪽 **02** 참고

3 다음 문장을 해석해 보세요.

① **ท่านเป็นคนเกาหลีค่ะ**　→　_____

② **เขาสบายดีครับ**　→　_____

'새벽사원'으로 잘 알려진

왓 아룬วัดอรุณ

왓 아룬(아룬 사원)은 18세기 톤부리 왕조 때 왕실 전용으로 사용하던 사원이에요.
수도를 지금의 방콕으로 옮기기 전까지 왓 프라깨우(에메랄드 사원)에 있는
에메랄드 불상이 바로 이 왓 아룬에 안치되어 있었어요.

왓 아룬

왓 아룬의 가장 큰 특징은 **ปรางค์**쁘랑-이라고 하는 크메르
건축 양식의 탑인데요, 이 쁘랑에서 내려다보는 방콕의 경치가 정
말 아름다워요. 특히 짜오프라야 강 주변에서 바라보면 인공 조
명을 받아 다양한 색채를 띄는 왓 아룬이 환상적이죠.

★
도깨비
상

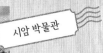
시암 박물관

왓 아룬 근처에는 태국 전통 마사지의 근원이 된 왓 포와 '태국'
이전의 국가명인 시암 시대를 소개하는 시암 박물관이 있어요.

DAY 04 교통수단 말하기

빠이　따ᆞ라ᆞ드　롵r퐈이　야ᆞㅇ라r이　크랍

ไป ตลาด รถไฟ อย่างไร ครับ

딸랏롯파이에 어떻게 가요?

🍋 **지난 학습** **다시 보기**

폼　츠ᆞ-리-여-ㅇ우-　크랍

◆ **ผม ชื่อ ลียองอู ครับ** ⟶⟶ 이름을 말할 때는 「인칭대명사+**ชื่อ**츠ᆞ+이름」 형식을 사용해요.

제 이름은 이영우입니다.

싸바-이 디-　마ᆞ이　크랍

◆ **สบายดี ไหม ครับ** ⟶⟶ 태국어에는 물음표를 쓰지 않아요.

잘 지내셨어요?　　　　　　　**ไหม**마ᆞ이 같은 특정 의문사로 의문문을 나타내요.

스토리 미리 듣기 🔘 **Track 04-01**

TODAY
스토리
회화

주말 저녁, 영우는 방콕의 대표적인 야시장인 딸랏롯파이에 가려고 해요.
헤매지 않고 잘 찾아갈 수 있을까요?

TODAY
학습
포인트

✮ 교통수단 이용 표현
✮ 'A에서 B까지' 표현

오늘의 여행지는?

방콕 라차다의 **딸랏롯파이**는 방콕 여행에서 빼놓을 수 없는 대표적인 여행지예요. 다양하고 맛있는 간식거리와 쇼핑을 동시에 즐길 수 있는 활기 넘치는 곳이죠.

Post Card

©jyyu

핵심 패턴

03
빠이 따ㄹ라ᆞᆮ 롣r파이 야ᆞ°라r이 크랍
ไป ตลาด รถไฟ อย่างไร ครับ
딸랏롯파이에 **어떻게** 가요?

04
짜ᆞᄀ 싸타ᆞ니ᆞ 틍 티ᆞ 난 끌라이 마이 크랍
จาก สถานี ถึง ที่ นั่น ไกล ไหม ครับ
역에서(부터) 거기까지 멀어요?

맛있는 핵심 패턴

◎ Track 04-03

03

빠이　　　따`ㄹ라`ㄷ　　　론r퐈f이　　　야`ㅇ라r이　　크랍

ไป ตลาด รถไฟ อย่างไร ครับ

가다　　　　딸랏롯파이　　　　　어떻게　　　어조사

→ 딸랏롯파이에 어떻게 가요?

✓ 의문사 อย่างไร야`ㅇ라r이

목적지에 가는 방법을 물을 때는 「ไป빠이+(목적지)+อย่างไร야`ㅇ라r이/ยังไง
양응아이)」 형식을 사용합니다.

빠이　　로r-ㅇ리r-얀　　 야`ㅇ라r이　　크랍
- **ไป โรงเรียน อย่างไร ครับ**　학교에 어떻게 가요?

빠이　　로r-ㅇ퐈야-바-ㄴ　 양응아이　　크랍
　ไป โรงพยาบาล ยังไง ครับ　병원에 어떻게 가요?

단어
อย่างไร야`ㅇ라r이 어떻게[의문사, 문어체]
ยังไง양응아이 어떻게[의문사, 회화체]
โรงเรียน로r-ㅇ리r-얀 학교
โรงพยาบาล 로r-ㅇ퐈야-바-ㄴ 병원
บ้าน바-ㄴ 집

✓ 교통수단 말하기

동사	교통수단	동사	장소
큰 **ขึ้น** 타다	크r-앙빈 **เครื่องบิน** 비행기	빠이 **ไป** 가다	티- **(ที่)**+장소
롱 **ลง** 내리다	택씨- **แท็กซี่** 택시	마- **มา** 오다	
캅 **ขับ** 운전하다	엠아-티- **เอ็มอาร์ที** MRT		
낭 **นั่ง** 앉다	비-티-에-ㄷ **บีทีเอส** BTS	끌랍 **กลับ** 돌아가다	
	드r-ㄴ **เดิน** 걷다		

찬　 낭　 택씨-　 끌랍　 바-ㄴ　 카`
- **ฉัน นั่ง แท็กซี่ กลับ บ้าน ค่ะ**
저는 택시를 타고 집으로 돌아가요.

표현 TIP

문장에서 동사가 연속해
서 사용될 경우, 목적어
나 부사구(장소/시간) 같
은 수식어구들의 위치에
주의해야 해요.

동사1+(목적어)+동사2+
수식어구(장소/시간/부사)

문화 TIP

©jyyu

태국의 전철은 지상철을
BTS, 지하철을 MRT라고
불러요.

64

▶ 다음 |보기|와 같이 연습해 보세요.

 Track 04-04

|보기|
01

빠`이  로r-ㅇ리r-얀   야`-ㅇ라r이   크`랍
ไป โรงเรียน อย่างไร ครับ
학교에 어떻게 가요?

싸나`-ㅁ빈
① **สนามบิน**

업`뷔f
② **ออฟฟิศ**

싸타`-ㄴ투-ㄷ
③ **สถานทูต**

단어

สนามบิน싸나`-ㅁ빈
공항

ออฟฟิศ업`뷔f
사무실(office)

สถานทูต싸타`-ㄴ투-ㄷ
대사관

Track 04-05

|보기|
02

크̂ㄴ   비-티-에`-ㄷ   마`-   카`
ขึ้น บีทีเอส มา ค่ะ
BTS를 타고 왔어요.

론́r짜f이
① **รถไฟ**

론́r메-
② **รถเมล์**

엠아-티-
③ **เอ็มอาร์ที**

단어

รถไฟ론́r짜f이 기차
รถเมล์론́r메- 버스

04

짜-ㄱ 싸타-니- 틍 티- 난 끌라이 마이 크랍

จาก สถานี ถึง ที่ นั่น ไกล ไหม ครับ

~에서(부터) 역 ~까지 ~에 그 멀다 의문조사 어조사

→ 역에서(부터) 거기까지 멀어요?

✓ A에서 B까지 จาก짜-ㄱ A ถึง틍 B

단어

출발지는 '~에서'라는 뜻의 전치사 **จาก**짜-ㄱ을 사용하여 「**จาก**짜-ㄱ+(**ที่**티-)+장소」 형식으로 나타냅니다.

짜-ㄱ 티- 바-ㄴ
🔟 **จาก ที่ บ้าน** 집에서부터

짜-ㄱ 티- 끄룽r쏘-(ㄴ)
จาก ที่ กรุงโซล 서울에서부터

도착지는 '~까지'라는 뜻의 전치사 **ถึง**틍을 사용하여 「**ถึง**틍+(**ที่**티-)+장소」 형식으로 나타냅니다.

틍 티- 니-
🔟 **ถึง ที่ นี่** 여기까지

틍 티- 끄룽r테-ㅂ
ถึง ที่ กรุงเทพฯ 방콕까지

출발지와 도착지를 동시에 나타낼 때는 「**จาก**짜-ㄱ+출발지+**ถึง**틍+도착지」 형식을 사용합니다.

짜-ㄱ 티- 바-ㄴ 틍 티- 니-
🔟 **จาก ที่ บ้าน ถึง ที่ นี่** 집에서부터 여기까지

짜-ㄱ 티- 니- 틍 티- 바-ㄴ
จาก ที่ นี่ ถึง ที่ บ้าน 여기서부터 집까지

ถึง틍이 동사로 사용될 경우에는 '도착하다'라는 의미를 나타냅니다.

틍 라-ㄴ 무-삥 래-우 카
🔟 **ถึง ร้าน หมูปิ้ง แล้ว ค่ะ** 무삥 가게에 도착했어요.

틍 헝리r-얀 래-우 카
ถึง ห้องเรียน แล้ว ค่ะ 교실에 도착했어요.

단어

จาก짜-ㄱ ~에서(부터)

สถานี싸타-니- 역

ถึง틍 ~까지, 도착하다

ที่티- ~에[장소전치사]

นั่น난 그[지시대명사]

ไกล끌라이 멀다

กรุงโซล끄룽r쏘-(ㄴ) 서울

กรุงเทพฯ끄룽r테-ㅂ 방콕

ร้าน라-ㄴ 가게, 상점

ห้องเรียน헝리r-얀 교실

แล้ว래-우 완료조동사

🛕 **문화 TIP**

หมูปิ้ง무-삥은 태국 길 거리에서 흔히 볼 수 있는 음식이에요. '돼지 양념 꼬치 구이'를 말하는데요, 개당 10~20바트 정도로 저렴하고 우리 입맛에도 딱 맞아요.

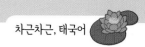

▶ 다음 |보기|와 같이 연습해 보세요.

Track 04-07

|보기|
03

짜ˋ-ㄱ 티ˆ-니ˆ- 틍 티ˆ- 난ˆ
จาก ที่ นี่ ถึง ที่ นั่น

여기에서(부터) 거기까지

�끄룽r쏘ˉ-(ㄴ)　　�끄룽r테ˆ-ㅂ
① **กรุงโซล / กรุงเทพฯ**

바ˆ-ㄴ　　로r-ㅇ리r-얀
② **บ้าน / โรงเรียน**

싸나ˇ-ㅁ빈　　로r-ㅇ래r-ㅁ
③ **สนามบิน / โรงแรม**

싸타ˇ-니- 아쏘ˇ-ㄱ 싸타ˇ-니- 어-ㄴ눗
④ **สถานี อโศก / สถานี อ่อนนุช**

단어

กรุงโซล�끄룽r쏘ˉ-(ㄴ) 서울

กรุงเทพฯ�끄룽r테ˆ-ㅂ 방콕

สนามบิน싸나ˇ-ㅁ빈 공항

โรงแรม로r-ㅇ래r-ㅁ 호텔

อโศก아쏘ˇ-ㄱ 아속[역이름]

อ่อนนุช어-ㄴ눗 온눗[역이름]

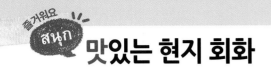

맛있는 현지 회화

회화 듣기 ◎ **Track 04-08**　　직접 따라 말하기 ◎ **Track 04-09**

☀ 주말 저녁, 영우는 딸랏롯파이에 가려고 해요.

영우
쿤　플러-이　크랍　빠이　따ㄹ라-ㄷ　롣r꽈f이　야ˋㅇ라r이　크랍
คุณ พลอย ครับ ไป ตลาด รถไฟ อย่างไร ครับ

플러이
큰̂　엠아-티-　롱　티-　싸타-니-　쑤-ㄴ　왇타나탐　나카
ขึ้น เอ็มอาร์ที ลง ที่ สถานี ศูนย์ วัฒนธรรม นะคะ

영우
짜-ㄱ　싸타-니-　틍　티-　난̂　끌라이　마́이　크랍
จาก สถานี ถึง ที่ นั่น ไกล ไหม ครับ

플러이
마̂이　끌라이　카̂　드ㅓ-ㄴ　캐̂　하̂　나-티-　꺼̂　틍　르ㅓ-이　카̂
ไม่ ไกล ค่ะ เดิน แค่ 5 นาที ก็ ถึง เลย ค่ะ

단어　　　　　　　　　　　　　　　　　　　　　　　◎ **Track 04-10**

· **ตลาด**따ㄹ라-ㄷ 시장　· **รถไฟ**롣r꽈f이 기차　· **อย่างไร**야ˋㅇ라r이 어떻게[의문사]　· **ขึ้น**큰̂ 타다, 오르다

· **เอ็มอาร์ที**엠아-티- MRT[태국의 지하철]　· **ลง**롱 내리다　· **สถานี**싸타-니- 역　· **ศูนย์**쑤-ㄴ 센터

· **วัฒนธรรม**왇타나탐 문화　· **จาก**짜-ㄱ ~에서(부터)　· **ถึง**틍 ~까지, 도착하다　· **ไกล**끌라이 멀다　· **เดิน**드ㅓ-ㄴ

걷다　· **แค่**캐̂ ...　· **ก็**꺼̂ 겨우 ~면　· **นาที**나-티- 분[시간]　· **เลย**르ㅓ-이 문장 끝에서 강조 역할을 하는 수식사

68

영우	플러이 씨, 딸랏롯파이에 어떻게 가요?
플러이	MRT를 타고 문화센터 역에서 내리세요.
영우	역에서 거기까지 멀어요?
플러이	멀지 않아요. 걸어서 5분이면 도착해요.

맛있는 회화 TIP

지시대명사의 활용을 알아 두세요!

태국어는 '이, 그, 저'를 나타내는 지시대명사 **นี่**니-, **นั่น**난, **โน่น**노-ㄴ 과 '어느'라는 뜻을 나타내는 의문사이자 위치대명사인 **ไหน**나이를 사용하여 장소를 나타내요. 이때, 보통 장소전치사인 **ที่**티-와 함께 써요.

여기, 이곳	거기, 그곳	저기, 저곳	어디, 어느 곳
티- 니-	티- 난	티- 노-ㄴ	티- 나이
ที่ นี่	**ที่ นั่น**	**ที่ โน่น**	**ที่ ไหน**

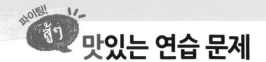

맛있는 연습 문제

1 녹음을 잘 듣고 일치하는 단어를 고르세요. 🔘 Track 04-12

①
| คืน |
| ขึ้น |

②
| ไกล |
| ใกล้ |

③
| ลอย |
| เลย |

2 사진에 어울리는 단어를 〈보기〉에서 골라 쓰세요.

> 보기   บ้าน   เครื่องบิน   แท็กซี่

①

②

③

_____   _____   _____

3 다음 문장을 태국어로 쓰세요.

① 여기에 걸어서 왔어요. → _____ _____ที่นี่ค่ะ

② 공항은 어떻게 가요? → ไป_____ _____ครับ

③ 여기에서 집까지 → _____ที่นี่_____ที่บ้าน

*힌트
- ①②→64쪽 **03** 참고
- ③→66쪽 **04** 참고

방콕 라차다의 대표 야시장

딸랏롯파이 ตลาดรถไฟ

'시장'을 의미하는 **ตลาด**딸ㄹ라ㄷ과 '기차'를 의미하는 **รถไฟ**롣r빠f이가 합쳐진
딸랏롯파이는 방콕 여행에서 빼놓을 수 없는 핫플레이스예요.
먹거리와 볼거리가 다양하고 각종 액세서리 및 기념품도 저렴하게 구입할 수 있어요.

딸랏롯파이 입구

다른 야시장과는 다르게 일주일 내내 열리는 딸랏롯파이는 MRT
태국문화센터 역 1번 출구에서 5분 정도 거리에 있어 교통도 편리
해 관광객뿐 아니라 현지인들에게도 인기가 많아요.

땡모반

로띠

★ **꿍탕**

여권 케이스

딸랏롯파이에서 즐길 수 있는 대표 음식으로는 수박을 갈아서
만든 **แตงโมปั่น**때-ㅇ모-빤과 달콤한 연유맛이 일품인 **โรตี**
로r-띠-, 새우와 오징어, 홍합 등 해산물을 쪄 매콤하게 버무린
กุ้งถัง꿍탕이 있어요. 또 선물용으로 인기 있는 여권 케이스와 손
지갑, 로고 티셔츠 등도 이곳에서 구입할 수 있어요.

첫째 주 다시 보기 DAY 01-04

이번 주 핵심 패턴 -

DAY 01

자음과 모음

초자음 (44개)	저자음	대응	고자음의 음소와 대응을 이루어요.
		단독	[ㄴ][ㄹ][ㅁ][ㅇ][y][w]로 발음이 되는 10가지 자음을 말해요.
	고자음		고자음의 초성은 4성으로 읽어요.
	중자음		ㅇ어·아·ㅇ은 자음뿐만 아니라 모음으로도 쓰일 수 있어요.
모음 (32개)	장모음	생음	모음은 무형성조에 영향을 미칠 수 있으며, 각종 변형모음에 주의해야 해요.
	단모음	사음	
	기타 모음		◌ำ, เ◌า, ไ◌, ใ◌는 단모음으로 발음하고, 성조는 생음으로 계산해요.
종자음	생받침		단독 저자음 10개가 받침으로 와요. 단, -ญ, -ร, -ล, -ฬ는 [ㄴ]으로 발음해요.
	사받침		단독 저자음 이외의 자음이 받침으로 와요.

DAY 02

성조

성조부호 O (유형성조) – 저자음의 발음에 주의 ┌ 1성 부호 : 2성으로 발음
성조부호 X (무형성조) └ 2성 부호 : 3성으로 발음
① 초자음 확인(중/고/저)
② 종자음(받침) 확인
┌ **받침 X** – 모음 확인 ┬ 장모음(생음) ┬ 중/저 : **평성**
│ │ └ 고 : 4성
│ └ 단모음(사음) ┬ 중/고 : 1성
│ └ **저** : 3성
└ **받침 O** ┬ 생받침(단독 저자음 10개) ┬ 중/저 : **평성**
└ 고 : 4성
└ 사받침(단독 저자음 이외) ┬ 중/고 : 1성
└ 저 ┬ **장모음** – 2성
└ **단모음** – 3성

저자음의
유형/무형성조에
주의!

③ 결합자음 중 성조의 예외(중/고자음 + 단독 저자음) 확인

72

실력 다지기 1

1 |보기|를 참고하여 다음 태국어의 발음과 성조를 써보세요.

|보기|

태국어	**ตา**
발음	따-
성조	평성

①

태국어	**สวย**
발음	
성조	

②

태국어	**เจอ**
발음	
성조	

③

태국어	**อร่อย**
발음	
성조	

④

태국어	**พูด**
발음	
성조	

⑤

태국어	**รัก**
발음	
성조	

2 녹음을 잘 듣고 알맞은 성조와 자모음을 표기하세요. Track 05-01

① **อ** [   ]   ② **อ** [   ]   ③ **อ** [   ]   ④ **อ** [   ]

⑤ **ต** [   ]   ⑥ **ด** [   ]   ⑦ **มอ** [   ]   ⑧ **ผ** [   ]

3 녹음을 잘 듣고 알맞은 발음을 고르세요. Track 05-02

① **ห้อง** (   )   ② **เก่ง** (   )   ③ **เสือ** (   )

　　ท่อง (   )   　　**แต่ง** (   )   　　**เสื้อ** (   )

④ **เดิน** (   )   ⑤ **คุณ** (   )   ⑥ **นอน** (   )

　　เดือน (   )   　　**คูณ** (   )   　　**นม** (   )

DAY 03

Pattern 01 | 이름 말하기

폼 츠- 리-여-ㅇ우- 크랍

ผม ชื่อ ลียองอู ครับ

제 이름은 이영우입니다.

ㄴ 이름을 말할 때는 「인칭대명사+**ชื่อ**츠-+이름」 형식을 사용해요.

Pattern 02 | 의문문 표현

싸바-이 디- 마이 크랍

สบายดี ไหม ครับ

잘 지내셨어요?

ㄴ 태국어에는 물음표를 쓰지 않아요. **ไหม**마이 같은 특정 의문사로 의문문을 나타내요.
ㄴ 동사를 부정할 때는 **ไม่**마이, 명사를 부정할 때는 **ไม่ใช่**마이차이를 사용해요.

DAY 04

Pattern 03 | 이동 방법 묻고 말하기

빠이 따ㄹ라-ㄷ 롣r퐈이 야-ㅇ라이 크랍

ไป ตลาด รถไฟ อย่างไร ครับ

딸랏롯퐈이에 어떻게 가요?

ㄴ 이동 방법을 물을 때는 의문사 **อย่างไร**야-ㅇ라이를 사용해요.

Pattern 04 | 출발지와 도착지 말하기

짜-ㄱ 싸타-니- 틍 티- 난 끌라이 마이 크랍

จาก สถานี ถึง ที่ นั่น ไกล ไหม ครับ

역에서(부터) 거기까지 멀어요?

ㄴ 「**จาก**짜-ㄱ+A+**ถึง**틍+B」 형식은 'A에서(부터) B까지'라는 뜻으로 출발지와 도착지를 나타내요.

สู้ๆ

◀━ **실력 다지기 2** ━▶

1 다음 문장을 태국어로 쓰세요.

① 그 사람은 한국 사람입니다.

▷ **เขา**＿＿＿＿＿＿＿＿＿**ครับ(ค่ะ)**

② 영화를 보러 가실래요?

▷ **ไป**＿＿＿＿＿＿＿**ครับ(คะ)**

*힌트

เกาหลี까올리- 한국

หนัง낭 영화

2 다음 중 빈칸에 들어갈 알맞은 표현을 고르세요.

> **ผม (   ) คนจีน**
> 저는 중국 사람이 아닙니다.

① **ไหม**　　② **ไป**　　③ **ไม่ใช่**　　④ **เป็น**

3 다음 단어를 배열하여 우리말에 알맞은 문장을 만드세요.

① 버스를 타고 여기에 왔습니다.

| **ที่นี่** | **ขึ้น** | **รถเมล์** | **มา** |

▷ ＿＿＿＿＿＿＿＿＿＿＿**ครับ(ค่ะ)**

*힌트

รถเมล์롣r메- 버스

② 집에서부터 역까지

| **บ้าน** | **ถึง** | **จาก** | **สถานี** |

▷ ＿＿＿＿＿＿＿＿＿＿＿＿＿

𝓣𝓗𝓐𝓘𝓛𝓐𝓝𝓓

✷ 우리만 알고 있는 여행 이야기

태국 방콕

방콕 여행의 매력은 바로 이것!

1. 태국의 수도, 전 세계 관광객의 여행 천국!
2. 불교 국가의 면모를 볼 수 있는 왕궁과 에메랄드 사원
3. 방콕 야경이 한눈에! 새벽사원으로 알려진 왓 아룬
4. 태국의 다양한 간식을 맛보며 쇼핑을! 딸랏롯파이 야시장
5. 배낭 여행족들의 필수 코스! 카오산로드

방콕 여행 ✷ 버킷 리스트

✅ 이건 꼭 하자!

나만의 여권 케이스 구입하기
딸랏롯파이에서 색다른 여권 케이스를 구입해 보세요.

수상 교통 이용하기
짜오프라야강 수상 버스를 타고 방콕 경치를 즐겨요.

마사지로 피로 풀기
1일 1마사지로 여행의 피로를 풀어 보세요.

뚝뚝 타기
삼륜차 뚝뚝을 타고 도심을 달려 보세요.

✅ 이건 꼭 먹자!

똠얌꿍
세계 3대 음식 중 하나로 시큼한 매운 맛이 미각을 자극해요.

꾸어이띠여우
태국 쌀국수의 다양한 풍미를 맛보세요.

팟타이
태국의 대표 음식 중 하나로 담백한 맛이 일품이에요.

문화로 만나는 태국

인사 문화

📷 태국 인사말

우리가 잘 알고 있는 태국의 인사말인 **สวัสดีครับ(ค่ะ)** 싸왙디- 크랍(카)은 언제 어디서든 누구에게나 사용할 수 있습니다. **สวัสดีครับ(ค่ะ)** 싸왙디- 크랍(카)이라는 인사말은 1943년(불력2486) 태국 정부에서 공식적으로 채택되어 보편적으로 사용되기 시작했습니다. 이 인사말이 생기기 이전에는 **ไปไหนครับ(คะ)** 빠이 나이 크랍(카)(어디 가세요?) 또는 **กินข้าวหรือยังครับ(คะ)** 낀 카우 르r-양 크랍(카)(식사하셨어요?) 등의 표현으로 인사를 했습니다.

📷 태국식 인사법

태국에는 **ไหว้** 와이라고 불리는 인사 문화가 있습니다. 인사를 받는 대상에 따라 손의 위치가 조금씩 다르지만 일반적으로 합장한 손을 코끝에 살짝 붙여 인사를 하는데, 만약 손아랫사람이 합장으로 인사를 하면 가벼운 목례로 답을 하면 됩니다.

📷 환영의 인사말

태국에서 상점이나 식당 등을 가게 되면 **ยินดีต้อนรับ** 인디- 떤랍r이라는 인사말을 자주 듣습니다. 이 말은 태국어로 '환영합니다'라는 뜻으로, 태국인들의 친절한 성격을 잘 나타냅니다.

현지에서 한마디!

태국 사람을 만나면 활짝 웃으며 말해요!

인디- 티- 다이 루r-짝 크랍(카)
ยินดีที่ได้รู้จักครับ(ค่ะ)
만나서 반갑습니다.

WEEK 02
DAY 06-10

지금 태국 중부를 만나러 가자!

이번 주에는?
음식을 주문하고 가격을 물어볼 수 있어요.

수코타이

아유타야

사뭇송크람

태국의 역사를 느낄 수 있는 아유타야와 수코타이 등을 여행해요.

DAY 07 아유타야
현지인에게 부탁할 때 쓰는 표현을 학습해요.

DAY 06 암파와 수상시장
시간 표현을 익혀 여행 일정을 물어볼 수 있어요.

DAY 08 수코타이

태국의 맛있는 음식을
주문할 수 있어요.

DAY 09 카오산로드

가격 묻기 등 쇼핑할 때
필요한 표현을 익혀요.

DAY 10

둘째 주 DAY 06~09 복습

DAY 06~09의 주요 학습 내용을 복습하고,
다양한 문제로 자신의 실력을 체크해 보세요.

태국의
여행&문화

태국 중서부 여행을 추천하는 이유와 국민 대다
수가 불교신자인 태국의 불교 문화에 대해 알 수 있
습니다.

▲ 불교 국가인 태국

DAY 06

시간 말하기

짜 빠이 끼- 모-ㅇ 카

จะ ไป กี่ โมง คะ

몇 시에 갈 거예요?

지난 학습 다시 보기

빠이 따ㄹ라-ㄷ 롣r퐈이 야-ㅇ라이 크랍

◆ **ไป ตลาด รถไฟ อย่างไร ครับ**

딸랏롣퐈이에 어떻게 가요?

> 이동 방법을 물을 때는 의문사
> **อย่างไร**야-ㅇ라이를 사용해요.

짜-ㄱ 싸타-니- 틍 티- 난 끌라이 마이 크랍

◆ **จาก สถานี ถึง ที่ นั่น ไกล ไหม ครับ**

역에서(부터) 거기까지 멀어요?

> 「**จาก**짜-ㄱ+A+**ถึง**틍+B」형식은 'A에서(부터)
> B까지'라는 뜻으로 출발지와 도착지를 나타내요.

스토리 미리 듣기 ◎ Track 06-01

TODAY 스토리 회화

유미와 솜밧은 반딧불을 보러 암파와 수상시장에 가요.
함께 따라가 볼까요?

TODAY 학습 포인트

✿ 미래 표현 **จะ**짜

✿ 시간 표현

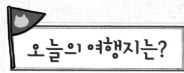

오늘의 여행지는?

태국 중부 사뭇송크람의 암파와 수상시장에서는 선상에서 판매하는 각종 음식을 맛볼 수 있으며 태국식 전통 수상가옥과 반딧불을 볼 수 있어요.

© pantip

핵심 패턴

05
짜 빠이 끼- 모-o 카
จะ ไป กี่ โมง คะ
몇 시에 갈 거예요?

06
혹 모-o 옌 크랍
หก โมง เย็น ครับ
오후 여섯 시예요.

맛있는 핵심 패턴

◎ Track 06-03

05

จะ ไป กี่ โมง คะ
짜 빠이 끼- 모-ㅇ 카
~할 것이다 가다 몇 시 어조사

→ 몇 시에 갈 거예요?

✓ 미래를 나타내는 조동사 จะ짜

미래는 「주어+**จะ**짜+동사(구)」 형식을 써서 나타냅니다.

폼 짜 낀 카-우
🔵 **ผม จะ กิน ข้าว** 저는 밥을 먹을 거예요.

카오 짜 마- 카
เขา จะ มา ค่ะ 그 사람은 올 거예요.

부정문은 **จะ**짜 뒤(본동사의 앞)에 부정화소 **ไม่**마이를 써서 나타냅니다.

디찬 짜 마이 낀 카-우
🔵 **ดิฉัน จะ ไม่ กิน ข้าว** 저는 밥을 안 먹을 거예요.

카오 짜 마이 마- 크랍
เขา จะ ไม่ มา ครับ 그 사람은 오지 않을 거예요.

✓ 시간을 묻는 표현

시간을 물을 때에는 의문조사 **กี่**끼-를 사용합니다.

떠-ㄴ니- 끼- 모-ㅇ 래-우 카
🔵 **ตอนนี้ กี่ โมง แล้ว คะ**
지금 몇 시예요?

차이 웨-ㄹ라- 끼- 추-워모-ㅇ 크랍
ใช้ เวลา กี่ ชั่วโมง ครับ
몇 시간 걸려요?

차이 웨-ㄹ라- 쁘라마-ㄴ 끼- 나-티- 카
ใช้ เวลา ประมาณ กี่ นาที คะ
몇 분 정도 걸려요?

단어

จะ짜 ~할 것이다[미래]

กี่끼- 몇[의문사]

โมง모-ㅇ 시[시간]

กิน낀 먹다

ข้าว카-우 밥, 쌀

มา마- 오다

ตอนนี้떠-ㄴ니- 지금

แล้ว래-우 완료조동사

ใช้차이 사용하다

เวลา웨-ㄹ라- 시간(time)

ชั่วโมง추-워모-ㅇ
시간(hour)

นาที나-티- 분[시간]

ประมาณ쁘라마-ㄴ
대략, 쯤

🍩 표현 TIP

태국어는 '피수식어(꾸밈을 받는 말)+수식어(꾸미는 말)' 어순을 사용해요. 하지만 '몇'에 해당하는 **กี่**끼-는 수식어 앞에 위치해요.

กี่ โมง끼- 모-ㅇ 몇 시

82

▶ 다음 |보기|와 같이 연습해 보세요.

|보기|
01
짜   낀   카놈
จะ กิน ขนม
간식을 먹을 것이다.

단어

빠이   티-여우
① **ไป เที่ยว**

탐   아-하-ㄴ
② **ทำ อาหาร**

싹   파-
③ **ซัก ผ้า**

ขนม 카놈 (태국식) 간식

ไปเที่ยว 빠이 티-여우 놀러(여행) 가다

ทำอาหาร 탐 아-하-ㄴ 요리하다

ซักผ้า 싹 파- 빨래하다

|보기|
02
짜   마이   빠이   두-   낭
จะ ไม่ ไป ดู หนัง
영화를 보러 가지 않을 것이다.

빠이   리-얀
① **ไป เรียน**

너-ㄴ
② **นอน**

와-이남-ㅁ
③ **ว่ายน้ำ**

단어

ดู 두- 보다

หนัง 낭 영화

เรียน 리-얀 공부하다

นอน 너-ㄴ 자다, 눕다

ว่ายน้ำ 와-이남-ㅁ 수영하다

06

혹 　모-ㅇ　옌　크랍
หก โมง เย็น ครับ

6. 여섯　시　오후　어조사

→ 오후 여섯 시예요.

✓ 시간 표현

태국어의 숫자 표현은 다음과 같습니다.

1, 하나	2, 둘	3, 셋	4, 넷	5, 다섯	6, 여섯
능 **หนึ่ง**	써-ㅇ **สอง**	싸-ㅁ **สาม**	씨- **สี่**	하- **ห้า**	혹 **หก**
7, 일곱	8, 여덟	9, 아홉	10, 열	11, 열하나	20, 스물
쩻 **เจ็ด**	빼-ㄷ **แปด**	까-오 **เก้า**	씹 **สิบ**	씹엣 **สิบเอ็ด**	이y-씹 **ยี่สิบ**

⚠ ① 십 단위에서 숫자 1은 **เอ็ด**엣으로 읽습니다.

② 숫자 20은 **สองสิบ**써-ㅇ씹이 아닌 **ยี่สิบ**이y-씹으로 읽습니다.

시는 「숫자+**โมง**모-ㅇ」, 분은 「숫자+**นาที**나-티-」 형식으로 나타냅니다.

떠-ㄴ니- 　씹엣　모-ㅇ 　이y-씹 나-티- 　카
💬 **ตอนนี้ 11 โมง 20 นาที ค่ะ**

지금은 (오전) 11시 20분이에요.

뉴스, 신문, 문서 등에서 사용되는 공식적인 시간 표현은 「숫자+**นาฬิกา** 나-리까」를 사용하고, 「숫자+**น.**」 형식으로 표기해요.

💬 **06.00น.** 혹 나-리까 오전 6시　**19.00น.** 씹까-오 나-리까 오후 7시

단어

เย็น옌 오후, 저녁

คืน크-ㄴ 밤

เช้า차오 아침, 오전

บ่าย바-이 오후

ทุ่ม툼 시[저녁 7시~밤 11시]

ตี띠- 시[새벽 1시~5시]

🔊 표현 TIP

오후 1시는 숫자 1을 생략해서 **บ่ายโมง**바-이모-ㅇ이라고 읽고, 저녁 7시부터 밤 11시는 숫자 1부터 5를 **ทุ่ม**툼과 함께 사용해요.

บ่าย โมง 20 นาที
바-이 모-ㅇ 이y-씹 나-티-
오후 1시 20분

3 ทุ่ม 50 นาที
싸-ㅁ 툼 하-씹 나-티-
밤 9시 50분

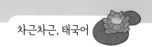

일상생활에서의 시간 표현은 「새벽-오전-정오-오후-저녁-자정」 시간대를
구분해서 나타내요.

시간	숫자	โมง	เช้า
AM 6:00	혹 6(**หก**)	모ᅩ **โมง** 시	차오 **เช้า** 아침
AM 7:00	쩯 7(**เจ็ด**)		
AM 8:00	뺃 8(**แปด**)		
AM 9:00	까오 9(**เก้า**)		
AM 10:00	씹 10(**สิบ**)		
AM 11:00	씹엣 11(**สิบเอ็ด**)		
AM 12:00	티양(완) **เที่ยง(วัน)** 정오		
PM 1:00	바이 **บ่าย** 오후 / –		
PM 2:00	써ᅩ 2(**สอง**)		
PM 3:00	싸ᅡᅩ 3(**สาม**)	모ᅩ **โมง** 시	옌 **เย็น** 오후, 저녁
PM 4:00	씨 4(**สี่**)		
PM 5:00	하 5(**ห้า**) / –		
PM 6:00	혹 6(**หก**)		

시간	숫자	ทุ่ม / ตี
PM 7:00	능 1(**หนึ่ง**)	툼 **ทุ่ม** 시 [저녁 7시 ~ 밤 11시]
PM 8:00	써ᅩ 2(**สอง**)	
PM 9:00	싸ᅡᅩ 3(**สาม**)	
PM 10:00	씨 4(**สี่**)	
PM 11:00	하 5(**ห้า**)	
AM 12:00	티양크ᅵᆫ **เที่ยงคืน** 자정	
AM 1:00	능 1(**หนึ่ง**)	띠 **ตี** 시 [새벽 1시 ~ 5시]
AM 2:00	써ᅩ 2(**สอง**)	
AM 3:00	싸ᅡᅩ 3(**สาม**)	
AM 4:00	씨 4(**สี่**)	
AM 5:00	하 5(**ห้า**)	

표현 TIP

เก้า까오(9)와 **เช้า**차오 (아침)는 모음 표기상 단모음이지만, 실생활에서는 장모음으로 발음하는 것에 주의하세요.

⚠ ① 오후 4시는 **บ่าย**바이와 **เย็น**옌 모두 사용할 수 있습니다.

② 오후 5시와 6시는 「숫자+**โมง**모ᅩ+**เย็น**옌」으로 나타냅니다.

예 뺃 모ᅩ 차오 **แปด โมง เช้า** 아침 8시

바이 씨 모ᅩ 씨 모ᅩ 옌 **บ่าย 4 โมง = 4 โมง เย็น** 오후 4시

싸ᅡᅩ 툼 씹하 나티 **3 ทุ่ม 15 นาที** 밤 9시 15분

띠 써ᅩ 씹 나티 **ตี 2 10 นาที** 새벽 2시 10분

ติ-๋ยง ๛-ㄴ
เที่ยงคืน

ติ-̀ ㄴ
ตี หนึ่ง

ซิ̌ป엘 모-̄ㅇ 차-̂오
สิบเอ็ด โมง เช้า

ติ-̄ ㅆ-̌ㅇ
ตี สอง

ซิ̌ป 모-̄ㅇ 차-̂오
สิบ โมง เช้า

ติ-̄ ㅆ-̌ㅁ
ตี สาม

까-̂오 모-̄ㅇ 차-̂오
เก้า โมง เช้า

ติ-̄ ㅆ-̀
ตี สี่

빠-̀ㄷ 모-̄ㅇ 차-̂오
แปด โมง เช้า

ติ-̄ 하-̂
ตี ห้า

쩻엘 모-̄ㅇ 차-̂오
เจ็ด โมง เช้า

혹̀ 모-̄ㅇ 차-̂오
หก โมง เช้า

ติ-̂ยง(완)
เที่ยง(วัน)

바-̀이 모-̄ㅇ
บ่าย โมง

하-̂ 툼̂
ห้า ทุ่ม

바-̀이 ㅆ-̌ㅇ 모-̄ㅇ
บ่าย สอง โมง

씨-̀ 툼̂
สี่ ทุ่ม

바-̀이 ㅆ-̌ㅁ 모-̄ㅇ
บ่าย สาม โมง

씨-̌ㅁ 툼̂
สาม ทุ่ม

바-̀이 씨-̀ 모-̄ㅇ
บ่าย สี่ โมง /

씨-̀ 모-̄ㅇ 옌엘
สี่ โมง เย็น

ㅆ-̌ㅇ 툼̂
สอง ทุ่ม

누̀ㅇ 툼̂
หนึ่ง ทุ่ม

하-̂ 모-̄ㅇ 옌엘
ห้า โมง เย็น

혹̀ 모-̄ㅇ 옌엘
หก โมง เย็น

▶ 다음 |보기|와 같이 연습해 보세요.

Track 06-07

|보기|
03

AM 08:00

빼ˋㄷ　모ˉㅇ　차ˊ오
แปด โมง เช้า
오전 8시

① PM 01:00

② PM 08:25

③ AM 12:00

④ AM 03:05

⑤ PM 05:00

맛있는 현지 회화

회화 듣기 ◎ Track 06-08   직접 따라 말하기 ◎ Track 06-09

☀ 유미와 솜밧은 반딧불을 보러 암파와 수상시장에 가요.

라r오 짜 빠ー이 따ㄹ라ー드 나ー ㅁ 암파와- 깐 나크랍

솜밧 เรา จะ ไป ตลาด น้ำ อัมพวา กัน นะครับ

짜 빠ー이 끼- 모ー o 카

유미 จะ ไป กี่ โมง คะ

짜 빠ー이 혹 모ー o 옌 크랍

솜밧 จะ ไป หก โมง เย็น ครับ

라r오 짜 타ーㄴ 카놈 래 촘 힝허이 깐

เรา จะ ทาน ขนม และ ชม หิ่งห้อย กัน

두ー워이 나크랍

ด้วย นะครับ

– 선상에서 판매하는 왕새우구이를 구경한다.

우ー이 캐ー 헨 꺼- 나ー ㅁ라-이 써- 래-우 카

유미 อุ๊ย! แค่ เห็น ก็ น้ำลาย สอ แล้ว ค่ะ

단어 ◎ Track 06-10

• **เรา** 라r오 우리, 나 • **จะ** 짜 ~할 것이다[미래조동사] • **น้ำ** 나ー ㅁ 물 • **กัน** 깐 서로 • **กี่** 끼- 몇[의문사] • **โมง** 모ー o 시[시간] • **เย็น** 옌 오후, 저녁 • **ทาน** 타ーㄴ 드시다 • **ขนม** 카놈 간식 • **และ** 래 ~와(과), 그리고 • **ชม** 촘 관람하다 • **หิ่งห้อย** 힝허이 반딧불(이) • **ด้วย** 두ー워이 ~도, 함께 • **อุ๊ย** 우이 놀람을 나타내는 감탄사 • **เห็น** 헨 보다, 보이다 • **น้ำลาย** 나ー ㅁ라-이 침 • **น้ำลายสอ** 나ー ㅁ라-이 써- 군침이 돌다

솜밧　우리는 암파와 수상시장에 갈 거예요.

유미　몇 시에 갈 거예요?

솜밧　오후 6시에 갈 거예요.

　　　우리는 간식을 먹고 반딧불 구경도 할 거예요.

　　　– 선상에서 판매하는 왕새우구이를 구경한다.

유미　우와! 보기만 해도 군침이 도네요.

맛있는 회화 TIP

'시간 있으세요?'라고 물을 때는 이렇게!

상대방에게 정중하게 '실례합니다만, 시간 있으세요?'라고 물어보고 싶을 때에는 '~이 있나요?'라는 의미의
「มี 미- ~ ไหม 마이」 형식을 사용해요.

커-토-ㅅ　크랍　쿤　미-　웨-ㄹ라　와-ㅇ　마이　크랍

예 **ขอโทษ ครับ คุณ มี เวลา ว่าง ไหม ครับ**　실례합니다만, 시간 있으세요?

만약 시간이 있다면 **มี** 미-(있어요), 시간이 없다면 **ไม่มีขอโทษ** 마이미- 커-토-ㅅ (없어요, 죄송해요)이라
고 대답하면 돼요.

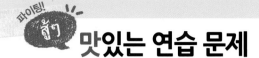

맛있는 연습 문제

1 녹음을 잘 듣고 일치하는 단어를 고르세요. ◎ Track 06-12

① สี่ / สี

② แปด / เป็ด

③ เก้า / ก้าว

2 다음 문장을 태국어로 쓰세요.

① 저는 밥을 먹을 거예요. → ผม _____ ครับ

② 지금 몇 시예요? → ตอนนี้ _____ แล้วคะ

③ 영화를 보러 가지 않을 것이다. → _____ ดูหนัง

힌트
- ①②③→82쪽 **05** 참고

3 다음 시간을 태국어로 쓰세요.

① AM 09:00

② PM 09:00

③ PM 06:00

____ ____ ____

힌트
- ①②③→84쪽 **06** 참고

90

PAR AVION
AIR MAIL

지금 떠나는 여행 속 태국
THAILAND

THAILAND

태국의 전통을 느낄 수 있는
암파와 수상시장 ตลาดน้ำอัมพวา

오래 전부터 '강(แม่น้ำ매-나-ㅁ)' 문화가 발달한 태국은 운하나 수로를 만들어 농사를 짓고
배를 교통수단으로 사용했어요. 각종 물건, 심지어 우편물까지 배로 전달할 정도로
'강' 문화는 태국인들의 생활에 상당히 큰 영향을 주었지요.

수상시장

© nkjiny

'강' 문화가 현재까지도 이어져 내려오면서 자연스럽게 수상시장
또한 발달하였는데, 방콕에서 남서쪽으로 80km 정도 떨어진 거리
에 위치한 암파와 수상시장에서는 태국식 전통 수상마을의 경치
와 일상을 엿볼 수 있어서 관광객들에게 인기가 있어요.

암파와 생선 가게

암파와 배 기념품

반딧불 투어

© pantip

수로를 따라 늘어선 선상이나 상점에서는 각종 음식과 기념품 등
을 판매해요. 일정 시간이 되면 요금(60~80바트)을 내고 소형 배
를 타고 강을 따라 전통 수상가옥을 구경하면서 반딧불을 눈앞에
서 가까이 구경할 수 있어요.

부탁하기

추-워어 타`이 루r-ㅂ 하`이 너`이 다`이마`이 카
ช่วย ถ่าย รูป ให้ หน่อย ได้ไหม คะ
사진 좀 찍어 주실 수 있으세요?

🔔 지난 학습 | 다시 보기

짜 빠이 끼- 모-ㅇ 카
◆ **จะ ไป กี่ โมง คะ** ⟶ '~할 것이다'라는 미래상은
  조동사 **จะ**짜를 사용해요.
몇 시에 갈 거예요?

혹 모-ㅇ 옌 크랍
◆ **หก โมง เย็น ครับ** ⟶ 태국어는 때에 따라 시간을 다르게
  표현하기 때문에 주의해야 해요.
오후 여섯 시예요.

스토리 미리 듣기 ◎ Track 07-01

TODAY
스토리 회화
솜밧과 유미가 아유타야 시대의 역사가 담겨 있는 아유타야 역사공원에 갔어요.
함께 따라가 볼까요?

TODAY
학습 포인트
✿ 부탁과 허락 표현
✿ (고유) 숫자 읽기

오늘의 여행지는?

아유타야는 18세기 미얀마의 침략 전까지 약 400년간 33명의 왕을 배출할 정도로 아주 번성했어요. 하지만 아쉽게도 주변국의 침략과 파괴의 역사 속에 묻히고 현재는 당시의 유적지들이 유네스코 문화유산으로 남아 있어요.

Post Card

TODAY
핵심 패턴

추-워이 타-이 루-ㅂ 하이 너이 다이마이 카
07 ช่วย ถ่าย รูป ให้ หน่อย ได้ไหม คะ
사진 **좀** 찍어 주실 수 있으세요?

능 써-ㅇ 싸-ㅁ
08 หนึ่ง สอง สาม
하나 둘 셋!

07

추-워이   타-이   루^-ㅂ   하이   너이   다이마이   카

ช่วย ถ่าย รูป ให้ หน่อย ได้ไหม คะ

돕다   찍다   사진   ~좀 해주다   ~할 수 있어요? 어조사

→ 사진 좀 찍어 주실 수 있으세요?

✓ 부탁과 허락 표현

다른 사람에게 요청하거나 부탁할 때는 「**ช่วย**추-워이+동사(구)+**ให้หน่อย**하이 너이」 형식을 사용합니다. 문장 끝에 **ได้ไหม**다이마이를 붙이면 좀 더 정중한 표현이 됩니다.

추-워이   트-   끄라r빠오   하이   너이   다이마이   크랍

◉ **ช่วย ถือ กระเป๋า ให้ หน่อย ได้ไหม ครับ**

가방 좀 들어 주실 수 있으세요?

추-워이   탐   까-ㄴ바-ㄴ   하이   너이   다이마이   크랍

ช่วย ทำ การบ้าน ให้ หน่อย ได้ไหม ครับ

숙제 좀 도와주실 수 있으세요?

「동사(구)+**ได้ไหม**다이마이」 형식은 '~할 수 있어요?'라는 가능의 의미 외에 상황에 따라 허락을 구할 때에도 사용할 수 있습니다.

탐   다이마이   카

◉ **ทำ ได้ไหม คะ** 해도 될까요? / 하실 수 있나요?

부탁이나 가능(허락)에 대한 대답은 다음과 같이 표현합니다.

다이   카

긍정 **ได้ ค่ะ** 네, 좋습니다. / 할 수 있습니다. [가능]

커-토-ㄷ   마이   다이   카

부정 **ขอโทษ ไม่ ได้ ค่ะ** 죄송합니다. 힘듭니다. / 할 수 없습니다. [불가능]

▷ 기타 표현

미-   아라이   하이   추-워이   마이   카

◉ **มี อะไร ให้ ช่วย ไหม คะ** 무엇을 도와드릴까요?

커-ㅂ쿤   티-   추-워이   르-아   크랍

ขอบคุณ ที่ ช่วย เหลือ ครับ 도와주셔서 고맙습니다.

단어

ช่วย추-워이 돕다

ถ่าย타-이 (사진 등을) 찍다

รูป루^-ㅂ 사진

ให้หน่อย하이너이
~좀 해주다

ได้ไหม다이마이
~할 수 있어요?

ถือ트- (손에) 쥐다, 들다

กระเป๋า끄라r빠오 가방

ทำ탐 하다, 만들다

การบ้าน까-ㄴ바-ㄴ
숙제

มี미- (가지고) 있다

อะไร아라이
무엇(뭐)[의문사]

표현 TIP

ได้다이는 본동사로 '얻다', '획득하다'라는 의미로도 쓰여요.

94

▶ 다음 |보기|와 같이 연습해 보세요.

Track 07-04

|보기|
01
추-워이　탐응아-ㄴ　니-　하이　너이　다이마이　카

ช่วย ทำงาน นี้ ให้ หน่อย ได้ไหม คะ

이 일 좀 해주실 수 있으세요?

단어

① 탐　까-ㄴ바-ㄴ
ทำ การบ้าน

② 르-악　커-ㅇ퐈f-ㄱ
เลือก ของฝาก

③ 리r-약　택씨-
เรียก แท็กซี่

- **ทำงาน**탐응아-ㄴ
  일하다
- **การบ้าน**까-ㄴ바-ㄴ
  숙제
- **เลือก**르-악 고르다
- **ของฝาก**커-ㅇ퐈f-ㄱ
  (기념) 선물
- **เรียก**리r-약 부르다

Track 07-05

|보기|
02
빠이　다이마이　크랍

ไป ได้ไหม ครับ

갈 수 있나요? / 가도 돼요?

단어

① 낀　안니-
กิน อันนี้

② 두-　낭피-
ดู หนังผี

③ 타-이　루f-ㅂ
ถ่าย รูป

- **อันนี้**안니- 이것
- **หนัง**낭 영화
- **ผี**피- 귀신
- **ถ่าย**타-이
  (사진 등을) 찍다
- **รูป**루f-ㅂ 사진

08

능　　씨-ㅇ　　싸-ㅁ
หนึ่ง สอง สาม
하나　둘　셋

→ 하나 둘 셋!

✓ (고유) 숫자 읽기

단어

พัน판 1,000, (천 등으로)
감다

แสน쌔-ㄴ 10만, 대단히,
많이

태국어에는 0~9까지의 고유한 숫자가 있습니다. 고유 숫자는 전화번호, 간판, 메뉴판의 가격 등에 두루 쓰이기 때문에 익혀 두면 아주 편리합니다. 읽는 방법은 아라비아 숫자와 동일하며 표기는 아래와 같습니다.

0	1	2	3	4	5	6	7	8	9
๐	๑	๒	๓	๔	๕	๖	๗	๘	๙
쑤-ㄴ	능	써-ㅇ	싸-ㅁ	씨-	하-	혹	쩰	빼-ㄷ	까-오
ศูนย์	**หนึ่ง**	**สอง**	**สาม**	**สี่**	**ห้า**	**หก**	**เจ็ด**	**แปด**	**เก้า**

쑤-ㄴ 까-오 하- 쩰 빼-ㄷ 싸-ㅁ 씨- 혹 하-써-ㅇ
예) ๐๙๕-๗๘๓-๔๖๕๒　095-783-4652

▷ 십 단위 이상의 수

십	백	천	만
씹	러r-이	판	므-ㄴ
สิบ	**ร้อย**	**พัน**	**หมื่น**
십만	백만	천만	억
쌔-ㄴ	라r-ㄴ	씹라r-ㄴ	러r-이라r-ㄴ
แสน	**ล้าน**	**สิบล้าน**	**ร้อยล้าน**

표현 TIP

성조법상 **สาม**싸-ㅁ(3, 셋)은 4성 장모음이지만, 사진을 찍을 때에는 2성 단모음으로 짧게 발음해요.

표현 TIP

ศูนย์쑤-ㄴ은 숫자 '0'이라는 의미 외에도 '센터'라는 의미로도 자주 사용돼요.
쑤-ㄴ　왓타나탐
ศูนย์ วัฒนธรรม
문화 센터
쑤-ㄴ　버-리까-ㄴ
ศูนย์ บริการ
서비스 센터

싸-ㅁ 러r-이 혹 씹 까-오
예) 369 ⇒ **สาม ร้อย หก สิบ เก้า**

하- 판 쩰 러r-이 씨- 씹 빼-ㄷ
5,748 ⇒ **ห้า พัน เจ็ด ร้อย สี่ สิบ แปด**

⚠ 십만과 백만은 고유 단위가 별도로 있습니다.

싸-ㅁ 쌔-ㄴ　　　　　능 라r-ㄴ 하- 쌔-ㄴ
예) 300,000 ⇒ **สาม แสน**　1,500,000 ⇒ **หนึ่ง ล้าน ห้า แสน**

96

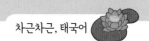

▶ 다음 |보기|와 같이 연습해 보세요.

|보기|
03

2,900,000 → 써ˇ-ㅇ 라́-ㄴ 까̂-오 쌔ˇ-ㄴ
สอง ล้าน เก้า แสน
이백 구십만

① 1,300,000

② 5,700,000

③ 8,600,000

|보기|
04

2,900,000 → 써ˇ-ㅇ 라́-ㄴ 까̂-오 쌔ˇ-ㄴ
๒ ล้าน ๙ แสน
이백 구십만

① 6,300,000

② 4,800,000

③ 5,100,000

🗨 맛있는 현지 회화

회화 듣기 ◎ **Track 07-09**   직접 따라 말하기 ◎ **Track 07-10**

☀ 솜밧과 유미가 아유타야 역사공원을 둘러보며 대화를 나누고 있어요.

솜밧
다ㄴ 나 커ㅇ 아-카-ㄴ 뻰 쭏 촘 위우 크랍
ด้าน หน้า ของ อาคาร เป็น จุด ชม วิว ครับ

유미
쿤 쏨밧 카
คุณ สมบัติ คะ

추̂-워이 타̀-이 루̂ㄹ-ㅂ 하̂이 너̀이 다̂이마̆이 카̂
ช่วย ถ่าย รูป ให้ หน่อย ได้ไหม คะ

솜밧
다̂이 크랍 타̂ 프러r-ㅁ 래-우 폼 짜 타̀-이 나크랍
ได้ ครับ ถ้า พร้อม แล้ว ผม จะ ถ่าย นะครับ

능 써̆-ㅇ 쌈̆ 채̂
หนึ่ง สอง สาม (แชะ)

유미
커̆-토̂-ㄷ 카̂ 타̀-이 이̀-ㄱ 루̂ㄹ-ㅂ 능 다̂이마̆이 카̂
ขอโทษ ค่ะ ถ่าย อีก รูป หนึ่ง ได้ไหม คะ

솜밧
다̂이 씨̀ 크랍
ได้ สิ ครับ

단어   ◎ **Track 07-11**

• **ด้าน**다̂ㄴ 방향, 쪽 • **หน้า**나̂ 앞 • **ของ**커̆ㅇ ~의, 물건 • **อาคาร**아-카-ㄴ 건물 • **จุด**쭏 점, 장소 • **ชม**촘 보다, 관람하다 • **วิว**위우 경치, 뷰(view) • **ช่วย**추̂-워이 돕다 • **ถ่าย**타̀-이 (사진 등을) 찍다 • **รูป**루̂ㄹ-ㅂ 사진 • **ถ้า**타̀- 만약 ~(라면) • **พร้อม**프러r-ㅁ 준비하다, 동시에 • **แล้ว**래-우 완료조동사 • **แชะ**채̂ 사진 찍을 때 나는 소리[의성어] • **อีก**이̀-ㄱ 더, 또 • **สิ**씨̀ 어말어조사[강조·권유·명령 등을 나타냄]

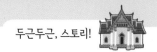

솜밧   이 건축물 앞이 뷰포인트예요.

유미   솜밧 씨,

사진 좀 찍어 주실 수 있으세요?

솜밧   네, 준비되셨으면 찍을게요.

하나, 둘, 셋! (찰칵)

유미   죄송한데, 한 장 더 찍어 주실 수 있으세요?

솜밧   물론이죠.

맛있는 회화 TIP

'사진이 잘 나왔어요' 표현은 이렇게!

'사진이 잘 나왔어요(예뻐요)'라는 표현은 **ดูดี** 두-디-(보기에 좋다)와 **สวย** 쑤-워이(예쁘다)를 써서 나타내요.

루̂-ㅂ 니- 두-디-
รูป นี้ ดูดี 이 사진은 (보기에) 좋다.

루̂-ㅂ 니- 쑤̌-워이
รูป นี้ สวย 이 사진은 예쁘다.

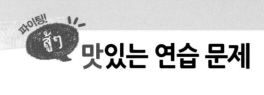

맛있는 연습 문제

1 녹음을 잘 듣고 일치하는 단어를 고르세요.   (○) Track 07-13

①
มี
หมี

②
เหลือง
เหลือ

③
หา
ห้า

2 다음 〈보기〉 중 빈칸에 <u>공통으로</u> 들어갈 단어를 고르세요.

보기   **สวย   ช่วย   ซวย   ซ้าย**

① _____**ถือกระเป๋าให้หน่อยได้ไหมครับ**

가방 좀 들어 주실 수 있으세요?

② **มีอะไรให้**_____**ไหมคะ**

무엇을 도와드릴까요?

③ **ขอบคุณที่**_____**เหลือครับ**

도와주셔서 고맙습니다.

*힌트
• ①②③ → 94쪽 **07** 참고

3 다음 숫자 표현을 태국어로 쓰세요.

① 268,000   → _____

② 7,190,000   → _____

③ 017-8514-2369   → _____
(고유 숫자로 쓰세요.)

*힌트
• ①②③ → 96쪽 **08** 참고

역사와 문화의 중심지

아유타야 อยุธยา

태국 방콕에서 북쪽으로 약 두 시간 거리에 있는 아유타야 주는 롭부리 강, 빠삭 강, 짜오프라야 강에 둘러싸인 섬으로, 아유타야 시대 중요한 사원으로 여겨졌던 왓 프라시산펫, 왓 마하탓 등의 주요 사원들을 볼 수 있어요.

프라시산펫 사원(왓 프라시산펫)은 방콕의 왕궁 안에 있는 에메랄드 사원(왓 프라깨우)과 비교될 만큼 중요한 사원이에요. 입구에 들어서면 세 개의 쩨디(둥근 원뿔형의 탑)가 눈에 들어오는데, 바로 그 자리에 170kg의 금을 입힌 16m 높이의 입불상이 있었어요. 아유타야의 첫 번째 왕부터 약 100년 동안 왕실의 거주 공간으로 사용되었어요.

아유타야 내의 대부분의 유적지는 나레수언 도로(타논 나레수언)에서 걸어가거나 자전거를 빌려서 또는 오토바이 택시나 뚝뚝(삼륜차)을 타고 갈 수 있으며, 대여료 및 교통 요금은 각 50바트 내외예요.

DAY 08

음식 주문하기

ขอ สั่ง ก๋วยเตี๋ยว สุโขทัย 2 ชาม หน่อย

커- 쌍 꾸-워이띠-여우 쑤코-타이 써-ㅇ 차-ㅁ 너이

수코타이 쌀국수 두 그릇 주세요.

🔘 **지난 학습** 다시 보기

◆ ช่วย ถ่าย รูป ให้ หน่อย ได้ไหม คะ

추-워이 타-이 루-ㅂ 하이 너이 다이마이 카

사진 좀 찍어 주실 수 있으세요?

> 다른 사람에게 요청하거나 부탁할 때에는 「ช่วย추-워이+동사+ให้หน่อย 하이 너이」형식을 사용해요.

◆ หนึ่ง สอง สาม

능 써-ㅇ 싸-ㅁ

하나 둘 셋!

> 태국어에는 0부터 9까지의 고유한 숫자와 십만과 백만의 고유 단위가 있어요.

스토리 미리 듣기 🔘 **Track 08-01**

TODAY 스토리 회화

영우와 플러이가 수코타이 람캄행 대왕 기념비를 구경한 뒤에 근처 식당에 갔어요.
함께 먹방 투어를 떠나 볼까요?

TODAY 학습 포인트

✰ 음식 주문 표현
✰ 다양한 맛 표현

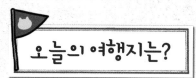
오늘의 여행지는?

13세기경 태국 최초의 수도였던 **수코타
이**는 현재 우리가 배우고 있는 태국어를 고
안한(1283년) 람캄행 대왕 시절에 가장 번
성하였던 도시로, **유네스코 세계문화유산**
에 등재되어 있어요.

©jyyu

| 커- | 쌍 | 꾸-워이띠-여우 | 쑤코-타이 | 써-ㅇ | 차-ㅁ | 너이 |

09 ขอ สั่ง ก๋วยเตี๋ยว สุโขทัย 2 ชาม หน่อย

수코타이 쌀국수 두 그릇 **주세요.**

| 아러r-이 | 크랍 |

10 อร่อย ครับ

맛있어요.

맛있는 핵심 패턴

09

ขอ สั่ง ก๋วยเตี๋ยว สุโขทัย 2 ชาม หน่อย
커- 쌍 꾸-워이띠-여우 쑤코-타이 써-o 차-ㅁ 너이

요구하다 주문하다 쌀국수 수코타이 2, 둘 그릇 (좀)

→ 수코타이 쌀국수 두 그릇 주세요.

✓ 음식을 주문할 때

음식의 이름과 숫자를 알고 있을 때에는 다음과 같이 표현합니다.

> **ขอ**커- + 음식명 + (숫자) + (수량사) + **หน่อย**너이

⚠ 숫자 1과 수량사는 서로 위치를 바꾸어 쓸 수 있어요.

예 **ขอ ก๋วยเตี๋ยว หมู 1 ชาม หน่อย ครับ**
커- 꾸-워이띠-여우 무- 능 차-ㅁ 너이 크랍

돼지고기 쌀국수 한 그릇 주세요.

ขอ ข้าว ผัด ปู 3 จาน หน่อย ค่ะ
커- 카우 팥 뿌- 싸-ㅁ 짜-ㄴ 너이 카

게살 볶음밥 세 접시 주세요.

음식명이나 수량사를 모를 때에는 다음과 같이 표현합니다.

① 한 가지 음식을 주문할 때

예 **ขอ อันนี้ หน่อย ครับ** 이거 주세요.
커- 안니- 너이 크랍

② 여러 가지 음식을 주문할 때

> **ขอ อันนี้**커-안니- + 숫자 + **อัน หน่อย**안 너이

예 **ขอ อันนี้ 5 อัน หน่อย ค่ะ** 이거 다섯 개 주세요.
커- 안니- 하- 안 너이 카

'이거하고 이거 주세요' 표현은 '~와(과)'라는 의미의 **กับ**깝을 사용합니다.

예 **ขอ อันนี้ กับ อันนี้ หน่อย ครับ** 이거하고 이거 주세요.
커- 안니- 깝 안니- 너이 크랍

단어

ขอ커- 요구하다, 바라다

สั่ง쌍 주문하다

ก๋วยเตี๋ยว
꾸-워이띠-여우 쌀국수 요리

ชาม차-ㅁ
(대접류) 그릇[수량사]

หมู무- 돼지

ผัด팥 볶다

ปู뿌- 게

จาน짜-ㄴ
(접시류) 그릇[수량사]

อัน안 것, 개[수량사]

กับ깝 ~와(과)

🥘 표현 TIP

수량사 **อัน**안(것, 개)은 실생활에서 가장 많이 쓰이는 수량사 중 하나예요.

104

▶ 다음 |보기|와 같이 연습해 보세요.

|보기|
01
커- 때-ㅇ모-빤 능 깨-우 너이 카
ขอ แตงโมปั่น 1 แก้ว หน่อย ค่ะ
수박주스(스무디) 한 잔 주세요.

단어

나-ㅁ쁠라-오 써̌-ㅇ 쿠-월
① **น้ำเปล่า 2 ขวด**

아메리r까노- 옌 능 깨-우
② **อเมริกาโน่ เย็น 1 แก้ว**

무-뼁 씨- 마-이
③ **หมูปิ้ง 4 ไม้**

까이터̂-ㄷ 하̂- 친
④ **ไก่ทอด 5 ชิ้น**

안니- 싸̌-ㅁ 안
⑤ **อันนี้ 3 อัน**

แตงโม때-ㅇ모- 수박
ปั่น빤 회전하다, 회전시키다
แก้ว깨-우 잔, 컵[수량사]
น้ำเปล่า나-ㅁ쁠라-오 생수
ขวด쿠-월 병[수량사]
อเมริกาโน่아메리r까노- 아메리카노
เย็น옌 차가운, 시원한
หมูปิ้ง무-뼁 돼지고기 꼬치구이
ไม้마-이 나무, 꼬챙이[수량사]
ไก่까이 닭
ทอด터̂-ㄷ 튀기다
ชิ้น친 조각, 덩어리

10

^{아러r-이} ^{크랍}
อร่อย ครับ
_{맛있다} _{어조사}

→ 맛있어요.

✓ 음식 맛을 표현할 때

'OO 맛이 어떠세요?'라는 질문을 할 때에는 「**รสชาติ**^{롣r차-ㄷ}+음식명+**เป็น ยังไง**^{삔 양응아이}」 형식을 사용합니다.

^{롣r차-ㄷ} ^{꾸-워이띠-여우} ^삔 ^{양응아이} ^{크랍}
🔊 **รสชาติ ก๋วยเตี๋ยว เป็น ยังไง ครับ**
쌀국수 맛이 어떠세요?

^{롣r차-ㄷ} ^{똠얌꿍} ^삔 ^{양응아이} ^카
รสชาติ ต้มยำกุ้ง เป็น ยังไง คะ
똠양꿍 맛이 어떠세요?

▷ 다양한 맛 표현

맛있다	달다	짜다	싱겁다
^{아러r-이}	^{와-ㄴ}	^켐	^{쯔-ㄷ}
อร่อย	**หวาน**	**เค็ม**	**จืด**
쓰다	맵다	시다	떫다
^콤	^펱	^{쁘리r-여우}	^{퐈f-ㄷ}
ขม	**เผ็ด**	**เปรี้ยว**	**ฝาด**

정도를 나타내는 단어를 사용해서 맛을 표현할 수도 있습니다. 각각의 수식사나 부사의 위치에 주의해서 사용하세요.

^켐 ^{마-ㄱ}
🔊 **เค็ม มาก** 너무 짜다.

^{쯔-ㄷ} ^{닡너이}
จืด นิดหน่อย 조금 싱겁다.

^{컨카-ㅇ} ^{쁘리r-여우}
ค่อนข้าง เปรี้ยว 신 편이다.

^{마이커이} ^콤
ไม่ค่อย ขม 별로 안 쓰다.

단어

รสชาติ^{롣r차-ㄷ} 맛
ยังไง^{양응아이}
어떻게[의문사]

มาก^{마-ㄱ} 많이, 매우

นิดหน่อย^{닡너이}
조금, 약간

ค่อนข้าง^{컨카-ㅇ}
~한 편이다

ไม่ค่อย^{마이커이}
별로 ~하지 않다

🛕 문화 TIP

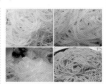
© pantip

ก๋วยเตี๋ยว^{꾸-워이띠-여우}
는 중국의 영향을 받은
태국식 쌀국수로 국물의
유무와 고명에 따라 메뉴
가 다양해요. 면의 굵기
는 **เส้นใหญ่**^{쎈야이}〉
เส้นเล็ก^{쎈렉}〉**เส้น
หมี่**^{쎈미-} 순으로 나뉘어
있어 기호에 따라 다양한
맛을 즐길 수 있어요.

▶ 다음 |보기|와 같이 연습해 보세요.　　　　　　　　　　　　　　　　Track 08-06

|보기|
02

펟
เผ็ด

→ 펟　마ㄱ
เผ็ด มาก　너무 맵다.

→ 펟　닏너이
เผ็ด นิดหน่อย　조금 맵다.

→ 컨카ㅇ　펟
ค่อนข้าง เผ็ด　매운 편이다.

→ 마이커이　펟
ไม่ค่อย เผ็ด　별로 안 맵다.

와ㄴ
① **หวาน**

켐
② **เค็ม**

쯔ㄷ
③ **จืด**

쁘리r여우
④ **เปรี้ยว**

단어

เผ็ด펟 맵다
หวาน와ㄴ 달다
เค็ม켐 짜다
จืด쯔ㄷ 싱겁다
เปรี้ยว쁘리r여우 시다

맛있는 현지 회화

회화 듣기 ◎ **Track 08-07**   직접 따라 말하기 ◎ **Track 08-08**

☀ 영우와 플러이는 태국의 쌀국수를 맛보러 근처 식당을 찾았어요.

영우
쿤　플러-이　크랍　　내남　메-누-　너이　크랍
คุณ พลอย ครับ　แนะนำ เมนู หน่อย ครับ

플러이
타-ㄴ　꾸워이띠여우　쑤코-타이　깐　디　꾸아　카
ทาน ก๋วยเตี๋ยว สุโขทัย กัน ดี กว่า ค่ะ

피-　카　커　쌍　꾸워이띠여우　쑤코타이　써-ㅇ　차-ㅁ　너이　나카
พี่ คะ　ขอ สั่ง ก๋วยเตี๋ยว สุโขทัย 2 ชาม หน่อย นะคะ

종업원
다이　카　러-r　싹크루-r　나카
ได้ ค่ะ　รอ สักครู่ นะคะ

- 쌀국수를 맛본 후

플러이
롣r차-ㄷ　뻰　양응아이　바-ㅇ　카
รสชาติ เป็น ยังไง บ้าง คะ

영우
아러r-이　크랍　롣r차-ㄷ　투-ㄱ　빠-ㄱ　폼　르ㅓ-이　크랍
อร่อย ครับ　รสชาติ ถูก ปาก ผม เลย ครับ

단어
◎ **Track 08-09**

• **แนะนำ** 내남 소개하다　• **เมนู** 메-누- 메뉴(menu)　• **ทาน** 타-ㄴ 드시다　• **กัน** 깐 서로　• **ดี** 디- 좋다　• **กว่า** 꾸아-
~보다[비교급]　• **พี่** 피- 손윗사람 이름 앞에 붙이는 접두사　• **สั่ง** 쌍 주문하다　• **ชาม** 차-ㅁ 그릇[대접류]　• **รอ** 러- 기다리다
• **สักครู่** 싹크루-r 잠시　• **รสชาติ** 롣r차-ㄷ 맛　• **ยังไง** 양응아이 어떻게[의문사]　• **บ้าง** 바-ㅇ 일부, 약간
• **ถูก** 투-ㄱ ~에 맞다　• **ปาก** 빠-ㄱ 입　• **ถูกปาก** 투-ㄱ빠-ㄱ (음식이) 입에 맞다　• **เลย** 르ㅓ-이 아주[강조부사]

영우   플러이 씨, 메뉴 좀 추천해 주세요.

플러이   수코타이 쌀국수를 드시는 게 (더) 좋을 것 같아요.

여기요, 수코타이 쌀국수 두 그릇 주세요.

종업원   네, 잠시만 기다려 주세요.

– 쌀국수를 맛본 후

플러이   맛이 어때요?

영우   맛있어요. 제 입맛에 잘 맞아요.

맛있는 회화 TIP

'~는 넣지 마세요' 표현은 이렇게!

음식을 주문할 때 '00는 빼주세요', '00는 넣지 마세요'라고 말하고 싶을 때는 「ไม่ใส่마이싸이+명사」
혹은 「ไม่เอา마이아오+명사」 형식을 사용해요. 「ไม่ใส่마이싸이+명사」 형식이 좀 더 정중한 표현이에요.

고수	마늘	소금	설탕
팍치-	끄라t티-얌	끌르-아	남따-ㄴ
ผักชี	กระเทียม	เกลือ	น้ำตาล

마이싸이 팍치- 크랍
ไม่ใส่ ผักชี ครับ   고수는 넣지 마세요.

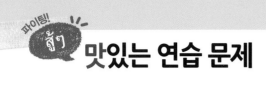

맛있는 연습 문제

1 녹음을 잘 듣고 일치하는 단어를 고르세요.　　　　　　　　　　　Track 08-11

① น้อย　　　② ผัด　　　③ ปู

หน่อย　　　พัด　　　ปู่

2 빈칸에 들어갈 알맞은 태국어를 쓰세요.

① ขอ＿＿＿＿＿＿＿＿สอง＿＿＿＿＿หน่อยครับ

　돼지고기 쌀국수 두 그릇 주세요.

② ขอ＿＿＿＿＿＿＿สาม＿＿＿＿＿หน่อยค่ะ

　생수 세 병 주세요.

③ ขอ＿＿＿＿กับ＿＿＿＿＿หน่อยครับ

　이것하고 저것 주세요.

*힌트
· ①②③ → 104쪽 **09** 참고

3 다음 문장을 태국어로 쓰세요.

① 맛이 어때요?　　　→ ＿＿＿＿＿＿＿＿＿＿＿＿＿＿＿＿

② 정말 맛있어요.　　→ ＿＿＿＿＿＿＿＿＿＿＿＿＿＿＿＿

③ 조금 매워요.　　　→ ＿＿＿＿＿＿＿＿＿＿＿＿＿＿＿＿

*힌트
· ①②③ → 106쪽 **10** 참고

태국어가 만들어진 시대의 도시
수코타이 สุโขทัย

방콕에서 북쪽으로 약 420km 정도 떨어져 있는 수코타이 역사공원에는
태국어를 고안한 람캄행 대왕을 기념하는 기념상과 박물관이 있으며,
람캄행 박물관에는 람캄행 대왕의 비문, 당시의 불상 등이 전시되어 있어요.

람캄행 대왕상

수코타이 유적지 한가운데 위치한 왓 마하탓(마하탓 사원)은 수코타이 시대 건물 중에서 최대 규모를 자랑해요. 사원 중앙에 있는 연꽃 모양의 쩨디는 크메르 양식의 탑을 중심으로 연꽃을 형상화하는 수코타이 양식을 취하고 있어요.

수코타이

수코타이 쌀국수

19세기경 중국과의 선상 무역이 시작된 수코타이 시대의 이름을 붙인 수코타이 쌀국수는 조리할 때 레몬 주스와 땅콩, 그리고 팜 슈가(**น้ำตาลปี๊ก**남따-ㄴ쁙)를 주재료로 사용해요. 수코타이에서 직접 맛볼 기회를 놓칠 수는 없겠죠?

DAY 09 쇼핑하기

미- 싸이 야이 꽈- 니- 마이 크랍
มี ไซส์ ใหญ่ กว่า นี้ ไหม ครับ
이것보다 큰 사이즈 있어요?

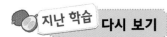

지난 학습 **다시 보기**

커- 쌍 꾸-워이띠-여우 쑤코-타이 씨-ㅇ 차-ㅁ 너이
◆ **ขอ สั่ง ก๋วยเตี๋ยว สุโขทัย 2 ชาม หน่อย**
수코타이 쌀국수 두 그릇 주세요.

> '~ 좀 주세요'라고 음식을 주문할 때는
> 「ขอ커- ~ หน่อย너이」 형식을 써요.

아러r-이 크랍
◆ **อร่อย ครับ**
맛있어요.

> อร่อย아러r-이, เค็ม켐, หวาน와-ㄴ 등의
> 표현을 써서 맛을 표현해요.

스토리 미리 듣기 ◎ Track 09-01

TODAY
스토리 회화

서부 여행을 마치고 방콕으로 돌아온 영우는 기념품을 구경하러 카오산로드에 갔어요. 함께 가볼까요?

TODAY
학습 포인트

☆ '~있어요?' 표현
☆ 가격 묻기

오늘의 여행지는?

배낭 여행자들의 필수 코스인 카오산로드는 세계 각지에서 온 외국인들로 항상 붐벼요. 태국의 대표 음식 중 하나인 팟타이를 먹으면서 거리를 오가는 다양한 사람들을 구경하는 것만으로도 즐거워요.

Post Card

© nkjiny

TODAY
핵심 패턴

11
미- 싸이 야이 꽈- 니- 마이 크랍
มี ไซส์ ใหญ่ กว่า นี้ ไหม ครับ
이것보다 큰 사이즈 있어요?

12
탕 몯 타오라이 크랍
ทั้ง หมด เท่าไหร่ ครับ
전부 얼마예요?

맛있는 핵심 패턴

🔘 **Track 09-03**

11

미- 싸이 야이 꽈- 니 마이 크랍

มี ไซส์ ใหญ่ กว่า นี้ ไหม ครับ

있다 사이즈 크다 ~보다 이 의문조사 어조사

→ **이것보다 큰 사이즈 있어요?**

✓ '~있어요?' 표현

찾는 물건이 있는지 묻고 싶을 때는 「**มี**미-+명사+**ไหม**마이」 형식을 사용합니다.

미- 낭쓰- 파-싸-타이 마이 카

🔊 **มี หนังสือ ภาษาไทย ไหม คะ**

태국어 책 있어요?

미- 리r-얀 씹 바-ㄷ 마이 크랍

มี เหรียญ สิบ บาท ไหม ครับ

동전 10바트 있으세요?

긍정할 때는 **มี**미-, 부정할 때는 **ไม่มี**마이미-로 대답합니다.

✓ 비교급 표현 **กว่า**꽈-

กว่า꽈-는 '~보다'라는 뜻으로, 비교문은 일반적으로 「A+형용사/상태, 감정 등을 나타내는 동사+**กว่า**꽈-+B A가 B보다 ~하다」 형식을 사용합니다. 비교 대상이 없는 「A+형용사/상태, 감정 등을 나타내는 동사+**กว่า**꽈-」 형식은 'A가 더 ~하다'라는 뜻입니다.

쏨땀 아러r-이 꽈- 핃싸-

🔊 **ส้มตำ อร่อย กว่า พิซซ่า**

쏨땀은 피자보다 맛있다.

쏨땀 아러r-이 꽈-

ส้มตำ อร่อย กว่า

쏨땀이 더 맛있다.

단어

มี미- (가지고) 있다

ไซส์싸이 사이즈(size)

ใหญ่야이 크다

กว่า꽈- ~보다[비교급]

หนังสือ낭쓰- 책

ภาษาไทย파-싸-타이 태국어

เหรียญ리r-얀 동전

บาท바-ㄷ 바트[태국의 화폐 단위]

ส้มตำ쏨땀 쏨땀

พิซซ่า핃싸- 피자

🏛 **문화 TIP**

© bot.or.th

태국에서는 20, 50, 100, 500, 1,000바트 지폐와 5, 10바트 동전을 주로 사용해요. 현재는 태국의 제10대 국왕인 마하와치랄롱꼰 국왕의 모습이 담긴 신권이 통용되고 있어요.

▶ 다음 |보기|와 같이 연습해 보세요.

Track 09-04

|보기|
01
미- 롬r 카-이 마이 카
มี ร่ม ขาย ไหม คะ
판매하는 우산 있어요?

처-ㄴ
① **ช้อน**

파-첻뚜-워
② **ผ้าเช็ดตัว**

쁘래r-ㅇ씨-판f   래   야-씨-판f
③ **แปรงสีฟัน และ ยาสีฟัน**

단어

ร่ม롬r 우산

ขาย카-이 팔다

ช้อน처-ㄴ 숟가락

ผ้าเช็ดตัว파-첻뚜-워
(큰) 수건

แปรงสีฟัน
쁘래r-ㅇ씨-판f 칫솔

ยาสีฟัน야-씨-판f 치약

Track 09-05

|보기|
02
미- 야이 꽈- 니- 마이 크랍
มี ใหญ่ กว่า นี้ ไหม ครับ
이것보다 큰 것 있어요?

렉
① **เล็ก**

투-ㄱ
② **ถูก**

쑤-ㅇ
③ **สูง**

단어

เล็ก렉 (크기가) 작다

ถูก투-ㄱ (가격이) 싸다

สูง쑤-ㅇ (높이가) 높다

12

탕 / 몯 / 타오라r이 / 크랍
ทั้ง หมด เท่าไหร่ ครับ
모든 / 모두 / 얼마 / 어조사

→ 전부 얼마예요?

✓ 가격을 묻는 표현

가격을 물을 때는 「명사+수량사+지시형용사+**เท่าไหร่**타오라r이」 형식을 사용합니다. 「숫자+**บาท**바ㄷ」 형식으로 대답합니다.

▷ 태국어의 주요 수량사

수량사	세는 대상	수량사	세는 대상
คน콘	사람	**เรื่อง**르r-앙	영화, 소설, 드라마
คู่쿠-	커플, 구두, 장갑	**ลูก**루-ㄱ	과일, 공, 열쇠
ตัว뚜-워	가구, 동물, 의류, 글자	**เล่ม**렘	책, 칼
ใบ바이	가방, 모자, 종이류	**คัน**칸	자동차, 우산, 숟가락
ชาม차-ㅁ	대접(사발)류	**หลัง**랑	집, 건물
จาน짜-ㄴ	음식, 그릇(접시)류	**อัน**안	기타

러r-ㅇ타-오 / 쿠- 니- / 라r-카- / 타오라r이 / 카
예 **รองเท้า คู่ นี้ ราคา เท่าไหร่ คะ** 이 신발은 가격이 얼마예요?

싸-ㅁ러r-이 바ㄷ 크랍
๓๐๐บาท ครับ 300바트입니다.

「명사+수량사+지시형용사+**กี่**끼-+**บาท**바ㄷ」 형식도 쓸 수 있습니다.

쓰-아 뚜-워 니- 끼- 바ㄷ 카
예 **เสื้อ ตัว นี้ กี่ บาท คะ** 이 옷(상의)은 몇 바트예요?

비용이나 요금 등을 물을 때에는 접두사 **ค่า**카-를 함께 씁니다.

카- 뚜-워 크r-앙빈 타오라r이 크랍
예 **ค่า ตั๋ว เครื่องบิน เท่าไหร่ ครับ** 비행기 표는 얼마예요?

카- 차오 헝 타오라r이 카
ค่า เช่า ห้อง เท่าไหร่ คะ 방세는 얼마예요?

단어

เท่าไหร่타오라r이 얼마[의문사]

รองเท้า러r-ㅇ타-오 신발

คู่쿠- 컬레, 쌍[수량사]

เสื้อ쓰-아 옷[상의]

ตัว뚜-워 마리, 벌, 개[수량사]

ราคา라r-카- 가격, 금액

ค่า카- 가치, 비용

ตั๋ว뚜-워 표, 티켓

เครื่องบิน크r-앙빈 비행기

เช่า차오 임차하다

ห้อง헝 방

표현 TIP

'지시형용사(이/그/저)+명사' 구문에서는 지시형용사와 명사 사이에 명사에 해당하는 수량사를 함께 사용해요. 수량사가 명사 역할을 하는 경우도 있어요.

롣r 칸 난 그 차
รถ คัน นั้น

바ㄷ 랑 니- 이 집
บ้าน หลัง นี้

콘 (콘) 니- 이 사람
คน (คน) นี้

116

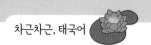

▶ 다음 |보기|와 같이 연습해 보세요.

 Track 09-07

|보기|
03
꼬라r빠오   바-이   니-   타오라r이   크랍
กระเป๋า ใบ นี้ เท่าไหร่ ครับ
이 가방은 얼마예요?

단어

① 므-트-   크르r-앙   니-
มือถือ เครื่อง นี้

② 까-ㅇ께-ㅇ   뚜-워   니-
กางเกง ตัว นี้

③ 마무-웡   루-ㄱ   난
มะม่วง ลูก นั้น

กระเป๋า꼬라r빠오 가방

มือถือ므-트- 휴대폰

เครื่อง크르r-앙
가전, 기계류 등의 수량사

กางเกง까-ㅇ께-ㅇ 바지

มะม่วง마무-웡 망고

 Track 09-08

|보기|
04
카-   차오   헝   타오라r이   카
ค่า เช่า ห้อง เท่าไหร่ คะ
방세는 얼마예요?

단어

① 카-   택씨-
ค่า แท็กซี่

② 카-   카오촘
ค่า เข้าชม

③ 카-   리-얀
ค่า เรียน

เช่า차오 임차하다

เข้า카오 들어가다

ชม촘 구경하다, 관람하다

เรียน리-얀 공부하다

맛있는 현지 회화

회화 듣기 ◎ Track 09-09 　직접 따라 말하기 ◎ Track 09-10

☀ 영우는 카오산로드에서 기념품을 구경하고 있어요.

판매원
싸왙디- 카 　츠ㅓ-ㄴ 카
สวัสดี ค่ะ เชิญ ค่ะ
마이 싸ㅂ 와 쿤 뻰 콘 찌-ㄴ 르r-쁠라-오 카
ไม่ ทราบ ว่า คุณ เป็น คน จีน หรือเปล่า คะ

영우
쁠라-오 크랍 폼 뻰 콘 까오ㄹ리- 크랍
เปล่า ครับ ผม เป็น คน เกาหลี ครับ

– 작은 코끼리 가방을 가리키며

바이 니- 미- 싸이 야이 꽈- 니- 마이 크랍
ใบ นี้ มี ไซส์ ใหญ่ กว่า นี้ ไหม ครับ

판매원
떵 커-토-ㄷ 두-워이 카 카-이 몯 래-우 카
ต้อง ขอโทษ ด้วย ค่ะ ขาย หมด แล้ว ค่ะ

영우
응안 폼 아오 뚜-워 니- 크랍 탕 몯 타오라이 크랍
งั้น ผม เอา ตัว นี้ ครับ ทั้ง หมด เท่าไหร่ ครับ

판매원
하- 러r-이 바-ㄷ 카
ห้า ร้อย บาท ค่ะ

단어 　　　　　　　　　　　　　　　　　　　　　　◎ Track 09-11

• **เชิญ** 츠ㅓ-ㄴ 어서, 청하다 　• **ทราบ** 싸ㅂ 알다[경어체] 　• **ว่า** 와 ~라고 　• **จีน** 찌-ㄴ 중국 　• **หรือเปล่า** 르r-쁠라-오 의문어조사 　• **ใบ** 바이 개[가방의 수량사], 나뭇잎 　• **ไซส์** 싸이 사이즈(size) 　• **ใหญ่** 야이 크다 　• **ต้อง** 떵 ~해야 한다 　• **ขาย** 카-이 팔다 　• **หมด** 몯 모두 　• **แล้ว** 래-우 완료동사 　• **งั้น** 응안 그럼 　• **เอา** 아오 가지다, 취하다 　• **ตัว** 뚜-워 벌[옷의 수량사], 몸

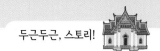

판매원	안녕하세요. 어서 오세요.
	혹시 중국 분이세요?
영우	아니요, 한국 사람이에요.
	– 작은 코끼리 가방을 가리키며
	이 가방이요, 이것보다 큰 사이즈 있어요?
판매원	죄송하지만 다 팔렸어요.
영우	그럼 이것으로 할게요. 전부 얼마예요?
판매원	500바트입니다.

맛있는 회화 TIP

가격을 흥정할 때는 이렇게!

'가격 좀 깎아 주실 수 있으세요?'의 표현은 '감소하다', '줄다'라는 뜻의 동사 **ลด**를 사용해요.

룻 라r-카- 너이 다이마이 크랍 카
😊 **ลด ราคา หน่อย ได้ไหม ครับ(ค่ะ)** 가격 좀 깎아 주실 수 있으세요?

타 룻 하이 끄 짜 쓰- 크랍 카
ถ้า ลด ให้ ก็ จะ ซื้อ ครับ(ค่ะ) 만약 깎아 주신다면 살게요.

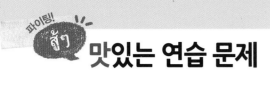 맛있는 연습 문제

1 녹음을 잘 듣고 일치하는 단어를 고르세요. Track 09-13

① ย้าย / ใหญ่

② ไหม / ใหม่

③ ตัว / ตั๋ว

2 다음 단어를 어순에 맞게 배열하여 문장을 완성하세요.

> ไหม   ภาษาไทย   หนังสือ   มี

① 태국어 책이 있어요?   → _____ **ครับ(คะ)**

> เครื่องบิน   ตั๋ว   เท่าไหร่   ค่า

② 비행기 표는 얼마예요?   → _____ **ครับ(คะ)**

*힌트
- ① → 114쪽 **11** 참고
- ② → 116쪽 **12** 참고

3 다음 단어의 반대말을 쓰세요.

① **ใหญ่** (크기가) 크다   → _____

② **แพง** (가격이) 비싸다   → _____

③ **ต่ำ** (높이가) 낮다   → _____

120

배낭 여행자들의 천국

카오산로드 ถนนข้าวสาร

'길', '거리'라는 뜻의 **ถนน**타논과 '쌀', '백미'라는 뜻의 **ข้าวสาร**카-우싸-ㄴ이 합쳐진
카오산로드는 전 세계 배낭 여행자들의 천국이라고 불릴 만큼 여행자들로 항상 북적거려요.

카오산로드

카오산로드는 약 400m 정도 되는 2차선 도로인데요, 저렴한 숙박 시설과 수많은 게스트하우스가 있고, 레스토랑, 클럽, 기념품 상점 등이 밀집되어 있어 배낭 여행자들이 즐겨 찾아요. 한때 길거리 노점상의 판매 행위를 금지시키기도 했었지만, 지금은 이전처럼 길거리에서 각종 기념품이나 팟타이, 로띠, 생과일 주스 등을 판매하고 있고, 머리를 땋거나 헤나도 할 수 있어요

왓 보원니웻

카오산로드 주변에 가볼 만한 관광지로는 왕궁과 방람푸 시장, 태국의 제9대 국왕인 푸미폰 대왕(라마 9세)이 수도승 생활을 하고 출가 의식을 한 곳으로 유명한 보원니웻 사원(왓 보원니웻)이 있어요.

둘째 주 다시 보기 DAY 06-09

이번 주 핵심 패턴

DAY 06

Pattern 05 | 미래 표현

짜 빠이 끼- 모-ㅇ 카

จะ ไป กี่ โมง คะ

몇 시에 갈 거예요?

└ '~할 것이다'라는 미래상은 「조동사 **จะ**짜+동사」 형식을 사용해요.

└ '~하지 않을 것이다'라는 미래 부정은 「**จะไม่**짜 마이+동사」 형식을 사용해요.

Pattern 06 | 시간 표현

혹 모-ㅇ 옌 크랍

หก โมง เย็น ครับ

오후 여섯 시예요.

└ 태국어는 때에 따라 시간을 다르게 표현하기 때문에 주의해야 해요.

DAY 07

Pattern 07 | 부탁 표현

추-워이 타-이 루-ㅂ 하이 너이 다이마이 카

ช่วย ถ่าย รูป ให้ หน่อย ได้ไหม คะ

사진 좀 찍어 주실 수 있으세요?

└ 다른 사람에게 요청하거나 부탁할 때에는 「**ช่วย**추-워이+동사+**ให้หน่อย**하이 너이」 형식을 사용해요.

Pattern 08 | 숫자 읽기

능 써-ㅇ 싸-ㅁ

หนึ่ง สอง สาม

하나 둘 셋!

└ 태국어에는 0부터 9까지의 고유한 숫자와 십만과 백만의 고유 단위가 있어요.

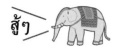

실력 다지기 1

1 다음 문장을 태국어로 쓰세요.

① 저는 놀러 갈 거예요.

▷ **ฉัน**＿＿＿＿＿＿＿＿**ครับ(ค่ะ)**

② 오전 10시에 집에 갈 거예요.

▷ **10 โมงเช้า**＿＿＿＿＿＿＿＿**ครับ(ค่ะ)**

> ***힌트**
>
> **ไปเที่ยว**빠이 티-여우
> 놀러(여행) 가다
>
> **กลับบ้าน**끌랍 바-ㄴ
> 집으로 돌아가다

2 다음 중 빈칸에 들어갈 알맞은 표현을 고르세요.

> **( ) เรียก แท็กซี่ ให้ หน่อย ค่ะ**
> 택시 좀 불러 주세요.

① **จะ**　　② **ได้**　　③ **กี่**　　④ **ช่วย**

> ***힌트**
>
> **เรียก**리-악 부르다

3 아래 숫자 표현을 태국어로 쓰세요.

① 2만 8천 바트

▷ ＿＿＿＿＿＿＿＿＿＿＿＿＿＿＿

> ***힌트**
>
> **บาท**바-ㄷ 바트[태국의
> 화폐 단위]

② 096-3854-2971 (고유숫자로 쓰세요.)

▷ ＿＿＿＿＿＿＿＿＿＿＿＿＿＿＿

DAY 08

Pattern 09 음식 주문하기

커- 쌍 꾸-워이띠-여우 쑤코-타이 씨-ㅇ 차-ㅁ 너이

ขอ สั่ง ก๋วยเตี๋ยว สุโขทัย 2 ชาม หน่อย

수코타이 쌀국수 두 그릇 주세요.

ㄴ '~ 좀 주세요'라고 음식을 주문할 때는 「ขอ커- ~ หน่อย너이」형식을 써요.

Pattern 10 맛 표현

아러r-이 크랍

อร่อย ครับ

맛있어요.

ㄴ อร่อย아러r-이, เค็ม켐, หวาน와-ㄴ 등의 표현을 써서 맛을 표현해요.

DAY 09

Pattern 11 쇼핑 표현

미- 싸이 야이 꽈- 니- 마이 크랍

มี ไซส์ ใหญ่ กว่า นี้ ไหม ครับ

이것보다 큰 사이즈 있어요?

ㄴ 「มี미- ~ ไหม마이」는 '~이 있어요?'라는 의미로 찾는 물건이 있을 때 사용해요.

Pattern 12 가격 묻기

탕 몯 타오라r이 크랍

ทั้ง หมด เท่าไหร่ ครับ

전부 얼마예요?

ㄴ เท่าไหร่타오라r이는 회화체에서, เท่าไร타오라r이는 문어체에서 주로 쓰이는데, 두 단어 모두 '얼마'라는 뜻이에요.

ㄴ 일상생활에서 가장 많이 쓰이는 수량사는 อัน안(것, 개)이에요.

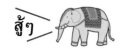

◄▬ 실력 다지기 2 ▬►

1 다음 문장을 태국어로 쓰세요.

① 아메리카노 두 잔 주세요.

▷ _____**อเมริกาโน่ 2 แก้ว**_____**ครับ(ค่ะ)**

② 이것보다 작은 사이즈 있어요?

▷ _____**เล็กกว่านี้**_____**ครับ(คะ)**

*힌트

แก้ว깨^우 잔, 컵[수량사]

เล็ก렉 (크기가) 작다

2 다음 중 빈칸에 들어갈 알맞은 표현을 고르세요.

> **ร้องเท้า คู่ นี้ ราคา (   )**
> 이 신발의 가격은 얼마예요?

*힌트

คู่쿠- 켤레, 쌍[수량사]

ราคา라-카- 가격, 금액

① **เท่าไหร่**   ② **อร่อย**   ③ **มี**   ④ **หน่อย**

3 다음 단어를 배열하여 우리말에 알맞은 문장을 만드세요.

① 맛이 짠 편이에요.

> **เค็ม   ค่อนข้าง   รสชาติ**

▷ _____**ครับ(ค่ะ)**

*힌트

กางเกง까-o께-o 바지

ตัว뚜-워

마리, 벌, 개[수량사]

② 이 바지는 그다지 비싸지 않아요.

> **ตัวนี้   ไม่ค่อย   แพง   กางเกง**

▷ _____**ครับ(ค่ะ)**

THAILAND

✱우리만 알고 있는 여행 이야기

태국 중부

태국 중부 여행의 매력은 바로 이것!

1. 전통 수상가옥과 반딧불을 구경할 수 있는 암파와 수상시장
2. 진정한 국민 예술이 발전했던 시기를 엿볼 수 있는 아유타야
3. 태국어가 만들어진 태국 최초의 독립 왕국 수코타이
4. 영화 '콰이강의 다리' 촬영지로 유명한 깐짜나부리
5. 담넌사두억 수상시장이 있는 랏차부리

중부 여행 ✱버킷 리스트

☑ 여긴 꼭 가자!

아유타야 방파인 별궁
17세기 중반에 세워진 아유타야 왕족을
위한 여름 별장이에요.

깐짜나부리 콰이강의 다리
태평양 전쟁 당시의 아픈 역사가 담겨 있는 다리예요.

랏차부리 담넌사두억
방콕과 가까운 거리에 위치한 담넌사두억 수상시장
에서 먹거리와 쇼핑을 동시에 즐겨 보세요.

☑ 이건 꼭 먹자!

카놈짝
바나나 잎에 쌓인 달달하고 쫀득한 간식

카놈카이따오
'거북이 알'이라는 뜻이 있는 동글한 모양의 간식

카놈크록
계란빵을 잘라 놓은 듯한 동그란 접시
모양의 간식

문화로 만나는 태국

불교 문화

📷 불교 국가 태국

불교는 부처를 뜻하는 **พุทธ**푿과 종교를 뜻하는 **ศาสนา**싸-ㄷ싸나-가 합쳐져 **พุทธศาสนา**푿타싸-ㄷ싸나-라고 합니다. 불교는 태국 국민들의 일상에서 아주 큰 역할을 하고 있으며, 국왕을 비롯한 전 국민의 약 95% 정도가 불교신자입니다.

📷 태국 국민의 종교

태국의 헌법상 명문으로 '태국의 국왕은 불교도여야 한다'라고 정하고는 있지만, 태국의 국왕은 불교뿐 아니라 불교를 비롯한 모든 종교를 보호하는 역할을 수행합니다. 태국의 소수 국민들이 이슬람교(4% 정도)나 기독교(1% 정도)를 믿습니다.

📷 불교의 중요성

태국에서 중요한 역할을 하는 불교 사원은 태국 전역에 약 3만여 개가 넘게 있는 것으로 알려져 있으며, 승려는 가장 존경받는 사람에 속합니다. 태국 나이로 20세가 지나 출가를 하게 되면 **พระ**프라(승려)라고 부르고, 20세 미만에 출가를 하게 되면 **เณร**네-ㄴ (사미승)이라고 부릅니다. 태국인의 삶에서 중요한 것 중 하나는 바로 출가하여 스님이 되는 것인데, 이는 자신을 낳아 준 부모님께 큰 공덕을 쌓는 일로 생각하기 때문에, 출가 의식은 젊은 태국 남성들의 결혼 전 풍습 중 하나로 여겨지기도 합니다. 태국의 현 국왕인 제10대 국왕과 전 국왕인 제9대 국왕 또한 젊은 시절에 단기 출가를 하여 수도 생활을 경험했을 만큼 태국에서는 불교의 가르침을 실천하는 것을 중요시합니다.

현지에서 한마디!

사원에서 소원을 빌어 보세요!

커- 하이 크러r-ㅂ크루r-워 미- 때- 콰-ㅁ쑥

ขอให้ครอบครัวมีแต่ความสุข

가족이 행복하기를 바랍니다.

지금 태국 북부를 만나러 가자!

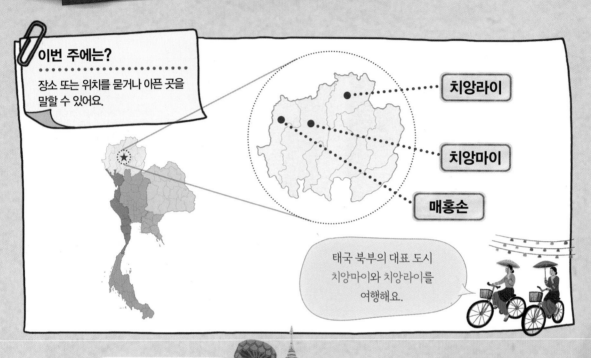

이번 주에는?

장소 또는 위치를 묻거나 아픈 곳을 말할 수 있어요.

치앙라이

치앙마이

매홍손

태국 북부의 대표 도시 치앙마이와 치앙라이를 여행해요.

DAY 11

치앙마이-님만해민 거리

장소나 위치 표현을 익혀 목적지를 찾아갈 수 있어요.

치앙마이-몬쨈 산

DAY 12

경험 표현을 익혀 여행 스토리를 생생하게 말할 수 있어요.

DAY 13

매홍손-럿 동굴

금지와 시도 표현으로 문화
에티켓을 말할 수 있어요.

DAY 14

치앙라이-렁쿤 사원

자신이 아픈 곳을 정확하게
말할 수 있어요.

DAY 15

셋째 주 DAY 11~14 복습

DAY 11~14의 주요 학습 내용을 복습하고,
다양한 문제로 자신의 실력을 체크해 보세요.

태국의 여행&문화

태국 북부 여행을 추천하는 이유와 우리와는
다른 독특한 음식 문화에 대해 알 수 있습니다.

▲ 콜라는 상품명으로 말해요.

마하-윗타야-ㄹ라이　　　　치-양마이　　유　티-나이　카

มหาวิทยาลัย เชียงใหม่ อยู่ ที่ไหน คะ
치앙마이 대학교는 어디에 있어요?

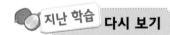
지난 학습 다시 보기

미- 싸이 야이 꽈-니- 마이 크랍
◆ **มีไซส์ใหญ่กว่านี้ไหมครับ**
이것보다 큰 사이즈 있어요?

> 「มี미- ~ ไหม마이」는 '~이 있어요?'라
> 는 의미로 찾는 물건이 있을 때 사용해요.

탕 몯 타오라이 크랍
◆ **ทั้งหมดเท่าไหร่ครับ**
전부 얼마예요?

> เท่าไหร่타오라이는 회화체에서, เท่าไร
> 타오라이는 문어체에서 주로 쓰이며, 두 단어 모두
> '얼마'라는 의미예요.

스토리 미리 듣기 Track 11-01

TODAY 스토리 회화
유미는 치앙마이 대학교에서 유학 중인 존을 만났어요.
두 사람이 어떤 대화를 나누는지 함께 들어 볼까요?

TODAY 학습 포인트
✿ 장소&위치 표현
✿ 길 안내 및 방향 표현

오늘의 여행지는?

치앙마이 중심에 있는 치앙마이 대학교와 가까운 거리에 위치한 **님만해민 거리**는 우리나라의 가로수길과 비교해도 손색이 없어요. 거리마다 특색 있는 커피숍들도 많고 트렌디한 곳으로 여행객들에게 사랑을 받고 있지요.

Post Card

© tawanshine

TODAY
핵심 패턴

13
마하-윗타야-ㄹ라이   치-양마이   유- 티-나이 카
มหาวิทยาลัยเชียงใหม่อยู่ที่ไหนคะ
치앙마이 대학교는 **어디에 있어요?**

14
리-여우 콰-   뜨롱r 씨-얘-ㄱ 크랍
เลี้ยวขวาตรงสี่แยกครับ
사거리에서 **우회전하세요.**

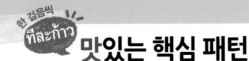

맛있는 핵심 패턴

13

마하-윋타야-ㄹ라이 / 치-양마이 / 유- / 티-나이 / 카

มหาวิทยาลัย เชียงใหม่ อยู่ ที่ไหน คะ

대학교 / 치앙마이 / 있다 / 어디 / 어조사

→ 치앙마이 대학교는 어디에 있어요?

✓ 장소&위치 표현

사람 또는 사물의 장소나 위치를 물을 때는 다음 형식을 사용합니다.

> A+**อยู่ที่ไหน**유-티-나이   A는 어디에 있나요?

카오 유- 티-나이 카
- 예 **เขาอยู่ที่ไหนคะ**   그 사람은 어디에 있어요?

끄라r빠오 드ㅓ-ㄴ타-ㅇ 유- 티-나이 크랍
กระเป๋าเดินทางอยู่ที่ไหนครับ   캐리어는 어디에 있어요?

▷ 주요 방향부사

ข้าง카-ㅇ ~쪽				
앞	뒤	왼	오른	옆
หน้า나-	**หลัง**랑	**ซ้าย**싸-이	**ขวา**콰-	**ข้าง**카-ㅇ
위	안	바깥	아래, 밑 (lower part)	아래, 밑 (under)
บน본	**ใน**나이	**นอก**너-ㄱ	**ล่าง**라-ㅇ	**ใต้**따이

카-ㅇ너-ㄱ / 카-ㅇ콰- / 카-ㅇ카-ㅇ
- 예 **ข้างนอก** 바깥쪽   **ข้างขวา** 오른쪽   **ข้างข้าง** 옆쪽

대상의 위치를 말할 때는 다음 형식을 사용합니다.

> A+**อยู่(ที่)**유-(티-)+장소(위치)/방향부사   A는 ~에 있어요

카오 유- 티- 카-ㅇ 너-ㄱ 크랍
- 예 **เขาอยู่ที่ข้างนอกครับ**   그 사람은 밖에 있어요.

끄라r빠오 드ㅓ-ㄴ타-ㅇ 유- 티- 따이 또 카
กระเป๋าเดินทางอยู่ที่ใต้โต๊ะค่ะ   캐리어는 책상 밑에 있어요.

단어

มหาวิทยาลัย 마하-윋타야-ㄹ라이 대학교

เชียงใหม่치-양마이 치앙마이[지명]

อยู่유- 있다, 살다

ที่ไหน티-나이 어디[의문사]

กระเป๋า끄라r빠오 가방

เดินทาง드ㅓ-ㄴ타-ㅇ 여행하다

โต๊ะ또 책상, 테이블

표현 TIP

มหาวิทยาลัย마하-윋타야-ㄹ라이는 회화에서는 **มหาลัย**마하-ㄹ라이 라고도 말해요.

표현 TIP

อยู่유-는 '있다'라는 존재 의미 외에 '살고 있다'라는 의미도 있어요.

เขาอยู่ที่ประเทศไทย카오 유- 티- 쁘라테-ㄷ 타이 그 사람은 태국에 산다.

▶ 다음 |보기|와 같이 연습해 보세요.

|보기|
01
싸타-니- 엠아-티- 유- 티-나이 카
สถานีเอ็มอาร์ทีอยู่ที่ไหนคะ
MRT역은 어디에 있어요?

단어

라r-ㄴ 까-풰f-
① **ร้านกาแฟ**

ดิน딘 토지, 땅

ร้าน라r-ㄴ 가게, 상점

กาแฟ까-풰f- 커피

하-ㅇ쌉파씬카
② **ห้างสรรพสินค้า**

ห้างสรรพสินค้า
하-ㅇ쌉파씬카- 백화점

형나r-ㅁ
③ **ห้องน้ำ**

ห้องน้ำ형나r-ㅁ 화장실

|보기|
02
유- 티- 카ˆㅇ나ˆ 티ˆ 난 크랍
อยู่ที่ข้างหน้าที่นั่นครับ
저 앞에 있어요.

단어

쑤쿰윋 써-이 씹써-ㅇ
① **สุขุมวิทซอย12**

สุขุมวิท쑤쿰윋
스쿰빗[도로명]

카ˆㅇ카ˆㅇ 싸타-니- 아쏘-ㄱ
② **ข้างข้างสถานีอโศก**

ซอย써-이 골목

ข้างหลัง카ˆㅇ랑 뒤쪽

카ˆㅇ랑
③ **ข้างหลัง**

14

리·여우 꽈-   뜨롱r   씨·애-ㄱ   크랍

เลี้ยวขวา ตรง สี่แยก ครับ

우회전하다   ~에서   사거리   어조사

→ 사거리에서 우회전하세요.

✓ 길 안내 및 방향 표현

길을 설명할 때에는 다음과 같은 구문을 사용합니다.

방향동사	장소전치사	장소
ตรงไป뜨롱r빠이 직진하다		**นี่**니-·이, **นั่น**난-ㄴ, **โน่น**노-ㄴ 저
เลี้ยวขวา리·여우 꽈- 우회전하다	**ที่**티- / **ตรง**뜨롱r ~에(서)	**สี่แยก**씨·애-ㄱ 사거리
เลี้ยวซ้าย리·여우 싸-이 좌회전하다		**ทางม้าลาย**타-ㅇ마-ㄹ라-이 횡단보도
กลับรถ끌랍롣r 유턴하다		**สะพานลอย**싸파-ㄴ러-이 육교
ข้าม카-ㅁ 건너다		**ไฟจราจร**파f이짜라r-쩌-ㄴ 신호등

เลี้ยว리·여우 돌다, 회전하다

แยก애-ㄱ 나누다

ม้าลาย마-ㄹ라-이 얼룩말

สะพาน싸파-ㄴ 다리(bridge)

ไฟ파f이 전기

จราจร짜라r-쩌-ㄴ 교통

แล้วก็래-우꺼- 그러고 나서

ทิศ틷 방위, 방향

카-ㅁ 퐈f이짜라r-쩌-ㄴ 카

예) ข้ามไฟจราจรค่ะ   신호등을 건너세요.

골랍롣r 래-우꺼- 리·여우 싸-이 크랍

กลับรถแล้วก็เลี้ยวซ้ายครับ   유턴한 다음, 좌회전하세요.

▷ 기타 방향부사

사이	건너(맞은)	가, 측, 쪽	근처
ระหว่าง라와-ㅇ	**ตรงข้าม**뜨롱r카-ㅁ	**ฝั่ง**퐝f	**แถว**태-우

리·여우 꽈- 퐝f뜨롱r카-ㅁ 티- 난 카

예) เลี้ยวขวาฝั่งตรงข้ามที่นั่นค่ะ   저 건너편에서 우회전하세요.

ทางม้าลาย타-ㅇ마-ㄹ라-이는 '길'이라는 뜻의 **ทาง**타-ㅇ과 '말(동물)'이라는 뜻의 **ม้า**마-, '무늬'라는 뜻의 **ลาย**라-이가 합쳐져 '얼룩말 길' 즉 '횡단보도'라는 의미를 나타내요.

'길을 모른다'라고 정중하게 말할 때는 **ขอโทษ ไม่ทราบ**커-토-ㄷ 마이싸-ㅂ (죄송하지만 모릅니다)이라고 해요.

▶ 다음 |보기|와 같이 연습해 보세요.

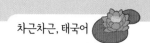

|보기|
03
리-여우 콰- 티- 싸-ㅁ얘-ㄱ 카
เลี้ยวขวาที่สามแยกค่ะ
삼거리에서 우회전하세요.

단어

① ตรงไป / นั่น
뜨롱r빠이 / 난

② กลับรถ / สะพานลอย
끌랍롣r / 싸파-ㄴ러-이

③ เลี้ยวซ้าย / ไฟจราจร
리-여우 싸-이 / 퐈f이짜라r-쩌-ㄴ

④ ข้าม / ถนน
카-ㅁ / 타논

สามแยก 싸-ㅁ얘-ㄱ
삼거리

กลับรถ 끌랍롣r 유턴하다

สะพานลอย
싸파-ㄴ러-이 육교

ไฟจราจร
퐈f이짜라r-쩌-ㄴ 신호등

ถนน 타논 도로

🌸 **표현 TIP**

▷ 태국어의 네 방위

동쪽	서쪽	남쪽	북쪽
ทิศตะวันออก	**ทิศตะวันตก**	**ทิศใต้**	**ทิศเหนือ**
틷따완어-ㄱ	틷따완똑	틷따이	틷느-아

헝 니- 유- 틷따완똑 크랍
ห้องนี้อยู่ทิศตะวันตกครับ 이 방은 서향입니다.

맛있는 현지 회화

회화 듣기 ◎ Track 11-08   직접 따라 말하기 ◎ Track 11-09

☀ 유미는 존을 만나 즐겁게 이야기를 나누고 있어요.

유미
쿤 쩌-ㄴ   치-윋 나이 마하-윋타야-ㄹ라이 뻰야-ㅇ라이 바-ㅇ 카
คุณจอห์น ชีวิตในมหาวิทยาลัยเป็นอย่างไรบ้างคะ

존
싸눅 크랍   쿤 유-미 마- 티여우 르ㅓr-크랍
สนุกครับ คุณยูมิมาเที่ยวเหรอครับ

유미
차이 카   와-때- 마하-윋타야-ㄹ라이 치-양마이 유- 티-나이 카
ใช่ค่ะ ว่าแต่มหาวิทยาลัยเชียงใหม่อยู่ที่ไหนคะ

존
어-ㄱ빠이 하이 리-여우 싸-이 래-우꺼- 리-여우 콰- 뜨롱r 씨-얘-ㄱ 크랍
ออกไปให้เลี้ยวซ้ายแล้วก็เลี้ยวขวาตรงสี่แยกครับ

유미
커-ㅂ쿤 카   디찬 짜 리-양 까-풰f 나카
ขอบคุณค่ะ ดิฉันจะเลี้ยงกาแฟนะคะ

존
마이뻰라r이 크랍   드ㅓ-ㄴ타-ㅇ 하이 싸눅 나크랍
ไม่เป็นไรครับ เดินทางให้สนุกนะครับ

단어   ◎ Track 11-10

• **จอห์น** 쩌-ㄴ 존(John)   • **ชีวิต** 치-윋 인생, 생활   • **เป็นอย่างไร** 뻰야-ㅇ라이 어때?, 어떻게 지내?[안부를 묻는 관용 표현]
• **สนุก** 싸눅 즐겁다   • **มาเที่ยว** 마- 티여우 놀러(여행) 오다   • **ใช่** 차이 그렇다, 맞다   • **ว่าแต่** 와-때- 그런데
• **ออกไป** 어-ㄱ빠이 나가다   • **แล้วก็** 래-우꺼- 그러고 나서   • **ตรง** 뜨롱r ~에서   • **เลี้ยง** 리-양 대접하다, 기르다
• **กาแฟ** 까-풰f 커피(coffee)   • **ไม่เป็นไร** 마이뻰라r이 괜찮다[관용 표현]   • **เดินทาง** 드ㅓ-ㄴ타-ㅇ 여행하다

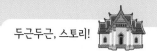

유미	존, 학교 생활은 어때요?
존	즐거워요. 유미 씨는 여행 오신 거예요?
유미	네. 그런데 치앙마이 대학교는 어디에 있어요?
존	나가서 왼쪽으로 가다가 사거리에서 우회전하면 돼요.
유미	감사합니다. 제가 커피 살게요.
존	별말씀을요. 즐거운 여행 되세요.

맛있는 회화 TIP

길을 잃었을 때는 이렇게!

추워이 너이 크랍 카오 핏타ㅇ 크랍
ช่วยหน่อยครับ เข้าผิดทางครับ 도와주세요, 길을 잘못 들었어요.

빠이 티- 니- 양응아이 카
(구글 맵을 가리키며) **ไปที่นี่ยังไงคะ** 여기는 어떻게 가요?

티- 니- 끌라이 짜ㄱ 티- 니- 마이 크랍
ที่นี่ไกลจากที่นี่ไหมครับ 이곳은 여기에서 멀어요?

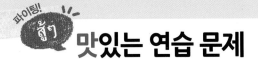 

맛있는 연습 문제

1 녹음을 잘 듣고 일치하는 단어를 고르세요.   🔘 Track 11-12

① หน้า   ② สาย   ③ ระหว่าง

　 น้ำ   　 ชาย   　 ระวัง

2 다음 단어와 뜻을 알맞게 연결하세요.

① **กลับรถ**   ·   ·   ⓐ 안쪽

② **ข้างขวา**   ·   ·   ⓑ 위쪽

③ **ข้างบน**   ·   ·   ⓒ 오른쪽

④ **ข้าม**   ·   ·   ⓓ 유턴하다

⑤ **ข้างใน**   ·   ·   ⓔ 건너다

3 다음 문장을 태국어로 쓰세요.

① 화장실은 어느 쪽에 있어요?

　 → _____

② 사거리에서 좌회전하세요.

　 → _____

＊힌트

· ① → 132쪽 **13** 참고

· ② → 134쪽 **14** 참고

치앙마이의 가로수길
타논 님만해민 ถนนนิมมานเหมินท์

'새로운 도시'라는 의미를 가지고 있는 치앙마이(เชียงใหม่)는 태국 북부 제1의 도시이자
태국의 제2의 수도라고 해도 무방한 대도시예요. 태국의 기타 지방과는 다른 풍부한
고유 문화유산과 다채로운 축제가 있고, 미얀마에 접경한 지리적 요인으로 인해
북부 고산족들의 생활 방식 또한 엿볼 수 있어요.

© gagagigy

치앙마이 대학교 근처에 '치앙마이의 가로수길'이라 불리는 님만해민 거리가 있어요. 약 1.3㎞의 거리와 골목으로 이루어진 님만해민 거리는 1963년 치앙마이의 어머니로 칭송받는 중국계 태국인 '낌허 님만해민'의 대지 기부로 조성되었어요. 현재 태국의 전통문화는 물론 현대 예술과 디자인의 아름다움을 알릴 뿐 아니라 독특하고 특색 있는 커피숍도 많아 커피 마니아들에게도 사랑받고 있어요.

© pantip

© tawanshine

치앙마이 대학교 아트센터, 란나 전통가옥 박물관, 치앙마이 국립 박물관이 님만해민 주변에 있어, 치앙마이 반나절 여행 코스로 제격이에요.

© wongnai

경험 말하기

크ㅓ이 러ㅇ 타ㄴ 쏨땀 마이 크랍

เคย ลอง ทาน ส้มตำ ไหม ครับ
솜땀을 드셔 본 적이 있으세요?

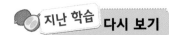
다시 보기

마하-윋타야-ㄹ라이   치-양마이   유- 티-나이 카

◆ **มหาวิทยาลัยเชียงใหม่อยู่ที่ไหนคะ** ⟶ 「A+อยู่ที่ไหน유- 티-나이」는
　치앙마이 대학교는 어디에 있어요?　　　　　　　　　　'A는 어디에 있어요?'라는 뜻이에요.

리-여우 콰-   뜨롱r   씨-얘-ㄱ   크랍

◆ **เลี้ยวขวาตรงสี่แยกครับ** ⟶ 길을 설명할 때는 「방향동사+장소전치사 ที่티-/
　사거리에서 우회전하세요.　　　　　　　　**ตรง**뜨롱r+장소」 형식을 사용해요.

스토리 미리 듣기 ◉ **Track 12-01**

스토리 회화
TODAY

솜밧과 유미는 아름다운 치앙마이의 자연을 즐기러 몬쨈 산에 갔어요.
어떤 대화를 나누는지 함께 들어 볼까요?

학습 포인트
TODAY

✿ 경험 표현
✿ 대조 접속사 **แต่**때-

오늘의 여행지는?

치앙마이 시내에서 한 시간 거리에 있는 몬쨈은 다른 관광지에 비해 많이 알려지지 않은 곳이에요. 몬쨈 정상에서 바라보는 풍경이 아름답고, 몬쨈으로 향하는 길목마다 멋진 사진을 찍을 만한 뷰포인트가 많아서 관광객의 발길이 점점 늘어나고 있어요.

Mon Jam
ดินแดนของดอกไม้และสายหมอก

© me-story

TODAY
핵심 패턴

15
크ㅓ-이 러ㅓ-ㅇ 타-ㄴ 쏨땀 마이 크랍
เคยลองทานส้มตำไหมครับ
솜땀을 드셔 본 적이 있으세요?

16
때-꺼- 아러ㅓ-이 마ㄱ 러ㅓ-이 카
แต่ก็อร่อยมากเลยค่ะ
하지만 정말 맛있어요.

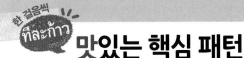
15

크ㅓ-이   러-ㅇ   타-ㄴ   쏨땀   마이   크랍

เคย ลอง ทาน ส้มตำ ไหม ครับ

~한 적이 있다   시도하다   드시다   솜땀   의문조사   어조사

→ 솜땀을 드셔 본 적이 있으세요?

✓ 경험 표현

'~한 적이 있으세요?'라고 경험을 물어볼 때는 다음과 같이 표현합니다.

> 주어 + **เคย**크ㅓ-이 + 동사(구) + **ไหม**마이   (동사)한 적이 있어요?

쿤 크ㅓ-이 빠이 (티-) 치-양라-이 마이 카

🔘 **คุณเคยไป(ที่)เชียงรายไหมคะ**
당신은 치앙라이에 가본 적이 있으세요?

쿤 민 크ㅓ-이 퐝f 플레-ㅇ 타이 마이 크랍

คุณมินเคยฟังเพลงไทยไหมครับ
민 씨는 태국 노래를 들어 본 적이 있으세요?

경험 유무에 따라 다음과 같이 대답할 수 있으며, 주어는 생략이 가능합니다.

> 주어 + **เคย**크ㅓ-이 + 동사(구)   (동사)한 적이 있어요

폼 크ㅓ-이 낀 크랍

🔘 **ผมเคยกินครับ**   저는 먹어 본 적이 있습니다.

찬 크ㅓ-이 다이인 카

ฉันเคยได้ยินค่ะ   저는 들어 본 적이 있습니다.

> 주어 + **(ยัง)ไม่เคย**(양) 마이크ㅓ-이 + 동사(구)   (아직) (동사)한 적이 없어요

찬 (양) 마이크ㅓ-이 탐 카

🔘 **ฉัน(ยัง)ไม่เคยทำค่ะ**   저는 (아직) 해본 적이 없습니다.

폼 (양) 마이크ㅓ-이 쯔ㅓ- 크랍

ผม(ยัง)ไม่เคยเจอครับ   저는 (아직) 만나 본 적이 없습니다.

단어

เคย크ㅓ-이 ~한 적이 있다

ลอง러-ㅇ 시도하다

เชียงราย치-양라-이
치앙라이[지명]

ฟัง퐝f 듣다(listen)

เพลง플레-ㅇ 노래

ได้ยิน다이인
들리다(hear)

ยัง양 아직

ทำ탐 하다, 만들다

เจอ쯔ㅓ- 만나다

🛕 문화 TIP

© pantip

ส้มตำ쏨땀은 태국의 대표 음식 중 하나로, 익지 않은 **มะละกอ**마ㄹ라꺼-(파파야)를 채썰어 각종 채소와 액젓, 라임, 토마토와 땅콩 등을 작은 절구통에 넣고 빻은 후 버무린 음식이에요. 솜땀은 여러 가지 종류가 있지만 그중 '솜땀타이'가 우리 입맛에 잘 맞아요.

▶ 다음 |보기|와 같이 연습해 보세요.

|보기|
01

크ㅓ-이 아`-ㄴ   낭쓰-   파-싸-타이   마이   카

เคยอ่านหนังสือภาษาไทยไหมคะ

태국어 책을 읽어 보신 적 있으세요?

단어

อ่าน아`-ㄴ 읽다

อาหาร아-하`-ㄴ
음식, 요리

ประเทศ쁘라테^-ㄷ
국가

ดู두- 보다

ละคร라커-ㄴ
연극, 드라마

끈 아-하`-ㄴ 타이
① **กินอาหารไทย**

빠이 티-여우 (티-) 쁘라r테^-ㄷ 까오ㄹ리-
② **ไปเที่ยว(ที่)ประเทศเกาหลี**

두-ㄹ 라커-ㄴ 타이
③ **ดูละครไทย**

|보기|
02

양 마이크ㅓ-이 아`-ㄴ   크랍

ยังไม่เคยอ่านครับ

아직 읽어 본 적이 없어요.

단어

ยัง양 아직

ต่าง따`-ㅇ 다른

끈 아-하`-ㄴ 타이
① **กินอาหารไทย**

빠이 티-여우 따`-ㅇ쁘라r테^-ㄷ
② **ไปเที่ยวต่างประเทศ**

두-ㄹ 라커-ㄴ 타이
③ **ดูละครไทย**

16

<ruby>떼-꺼-</ruby> <ruby>아러r-이</ruby> <ruby>마-ㄱ</ruby> <ruby>르ㄹ-이</ruby> <ruby>카</ruby>

แต่ก็ อร่อย มาก เลย ค่ะ

하지만   맛있다   너무   수식사(강조) 어조사

→ 하지만 정말 맛있어요.

✓ 대조 접속사 แต่^{떼-}

แต่^{떼-}는 대조 접속사로 '하지만', '그런데'라는 의미를 나타내며, 같은 뜻의 접속사로는 **แต่ว่า**^{떼-와-} 또는 **แต่ก็**^{떼-꺼-}가 있습니다.

^{야-ㄱ 빠이 티-여우 테-ㄷ싸까-ㄴ 롬r 버-싸-ㅇ 떼- 퍼- 마이 아누야-ㄷ}

🔊 **อยากไปเที่ยวเทศกาลร่มบ่อสร้างแต่พ่อไม่อนุญาต**

버쌍 우산 축제에 놀러 가고 싶은데, 아빠가 허락을 안 해주신다.

^{리r-얀 파-싸-타이 야-ㄱ 떼-꺼- 싸눅디- 카}

เรียนภาษาไทยยากแต่ก็สนุกดีค่ะ

태국어 공부는 어렵지만 재미있어요.

✓ แต่^{떼-}의 다양한 의미

태국어에는 문자와 성조는 같지만 품사(의미)가 다른 단어들이 많습니다. **แต่**^{떼-}도 다양한 의미를 가지고 있습니다.

① ~만, 오로지[수식사]

^{카오 낀 떼- 꾸-워이띠-여우 툭완 르ㄹ-이}

🔊 **เขากินแต่ก๋วยเตี๋ยวทุกวันเลย**   그는 매일 쌀국수만 먹는다.

② (시간상) ~부터[전치사]

^{땅떼- 완니- 찬 짜 롣 남낙 카}

🔊 **ตั้งแต่วันนี้ฉันจะลดน้ำหนักค่ะ**   오늘부터 저는 다이어트할 거예요.

단어

อยาก^{야-ㄱ} ~하고 싶다

เทศกาล^{테-ㄷ싸까-ㄴ} 축제

ร่ม^{롬r} 우산

พ่อ^{퍼-} 아빠

อนุญาต^{아누야-ㄷ} 허락하다

ยาก^{야-ㄱ} 어렵다

สนุก^{싸눅} 즐겁다, 재미있다

ทุก^툭 매, 모든

ตั้งแต่^{땅떼-} ~부터[시간]

วันนี้^{완니-} 오늘

ลด^롣 줄(이)다

น้ำหนัก^{남낙} 무게

🛕 문화 TIP

© jeban

치앙마이 동쪽에 위치한 **บ่อสร้าง**^{버-싸-ㅇ} 마을은 우산 수공예품으로 유명한데요. 매년 1월경에 우산 축제가 열려요. 다양한 퍼레이드와 전통 춤 공연도 함께 볼 수 있답니다.

맛있는 현지 회화

회화 듣기 ◎ Track 12-08   직접 따라 말하기 ◎ Track 12-09

☀ 솜밧과 유미가 몬쨈 산에서 얘기를 나누고 있어요.

솜밧
쿤 유-미 / 크ㅓ-이 러-ㅇ 타-ㄴ 쏨땀 마이 크랍
คุณยูมิ เคยลองทานส้มตำไหมครับ

유미
크ㅓ-이 카 / 찬 처-ㅂ 타-ㄴ 쏨땀 마-ㄱ 카
เคยค่ะ ฉันชอบทานส้มตำมากค่ะ

솜밧
찡 르ㅓr-크랍
จริงเหรอครับ

쿤 유-미 처-ㅂ 타-ㄴ아-하-ㄴ 롣r펟 차이마이 크랍
คุณยูมิชอบทานอาหารรสเผ็ดใช่ไหมครับ

유미
차이 카 / 틍매- 아-하-ㄴ타이 컨카-ㅇ 짜 미- 롣r펟
ใช่ค่ะ ถึงแม้อาหารไทยค่อนข้างจะมีรสเผ็ด

때-꺼- 아러r-이 마-ㄱ 르ㅓ-이 카
แต่ก็อร่อยมากเลยค่ะ

솜밧
응안 떠-ㄴ 옌 라r오 빠이 타-ㄴ 쏨땀 깝 쿤 쩌-ㄴ 나크랍
งั้นตอนเย็นเราไปทานส้มตำกับคุณจอห์นนะครับ

단어
◎ Track 12-10

• **เคย**크ㅓ-이 ~한 적이 있다 • **ลอง**러-ㅇ 시도하다 • **ทาน**타-ㄴ 드시다 • **ชอบ**처-ㅂ 좋아하다 • **จริง**찡 정말
• **เหรอ**르ㅓr 의문어조사 • **รส**롣 맛 • **เผ็ด**펟 맵다 • **ใช่ไหม**차이마이 ~이 맞나요? • **ถึงแม้**틍매-
비록 ~일지라도 • **ค่อนข้าง**컨카-ㅇ ~한 편이다 • **แต่ก็**때-꺼- 하지만 • **งั้น**응안 그러면[**อย่างนั้น**야-ㅇ난의 줄임말]
• **ตอน**떠-ㄴ ~때 • **เย็น**옌 오후, 저녁

146

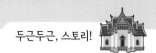

솜밧 유미 씨는 솜땀을 드셔 본 적이 있으세요?

유미 네. 저는 솜땀을 정말 좋아해요.

솜밧 그래요? 매운 음식을 좋아하세요?

유미 네. 태국 음식은 매운 편이지만 정말 맛있어요.

솜밧 그럼 저녁에 존 씨하고 같이 솜땀을 먹으러 가요.

맛있는 회화 TIP

ไม่เคย마이크ㅓ-이와 **ไม่ค่อย**마이커이의 차이를 알아 두세요!

ไม่เคย마이크ㅓ-이와 **ไม่ค่อย**마이커이는 발음은 비슷하지만 성조가 달라요. **ไม่เคย**마이크ㅓ-이는 '~한 적이 없다', **ไม่ค่อย**마이커이는 '좀처럼 ~하지 않다'라는 의미예요.

예
마이크ㅓ-이 낀 아-하-ㄴ 타이 크랍
ไม่เคยกินอาหารไทยครับ 태국 음식을 먹어 본 적이 없어요. [경험]

마이커이 낀 아-하-ㄴ 타이 카
ไม่ค่อยกินอาหารไทยค่ะ 태국 음식을 좀처럼 먹지 않아요. [정도]

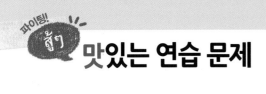

맛있는 연습 문제

1 녹음을 잘 듣고 일치하는 단어를 고르세요. 🔘 Track 12-12

①
| เคย |
| ค่อย |

②
| ย่าง |
| ยัง |

③
| รถ |
| ลด |

2 〈보기〉에서 알맞은 단어를 찾아 문장을 완성하세요.

> 보기   แต่   เคย   ยังไม่เคย

① คุณ_____ไปที่ประเทศเกาหลีไหมคะ

당신은 한국에 가본 적 있으세요?

② ผม_____เจอคนไทยครับ

저는 아직 태국 사람을 만나 본 적이 없습니다.

③ เรียนภาษาไทยยาก_____สนุกดีค่ะ

태국어 공부는 어렵지만 재밌어요.

> *힌트
> • ①② → 142쪽 **15** 참고
> • ③ → 144쪽 **16** 참고

3 다음 문장을 해석해 보세요.

① คุณเคยกินอาหารไทยไหมคะ

→ _____

② วันนี้เหนื่อยมากแต่อยากเรียนภาษาไทยอีก

→ _____

148

시원함을 느낄 수 있는 초록 동산

몬쨈 산 ม่อนแจ่ม

'아름다운 산정상'이라는 의미가 있는 몬쨈은 치앙마이의 도이수텝 동쪽에 위치해 있어요. 현지인들은 고랭지 농사도 짓고, 여행객들을 상대로 장사도 하면서 살아가고 있지요.

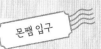
몬쨈 입구

몬쨈 전망대에서는 고산족의 생활 모습과 치앙마이의 고즈넉하고 아름다운 경치를 볼 수 있어요. 일출과 일몰 또한 장관이지요. 몬쨈 산에 들르기 전에 주변 커피숍에서 북부산 원두로 만든 커피를 꼭 드셔 보세요. **ดอย**더-이로 시작하는 커피 브랜드는 북부산 원두를 사용한 커피를 의미해요.

버쌍 축제

© khaosod

도이수텝 사원

몬쨈 산 주변 관광지로는 치앙마이를 대표하는 사원으로 널리 알려져 있는 도이수텝 사원(왓 프라탓 도이수텝)과 치앙마이 시내에서 20~30분 거리에 있는 버쌍 마을이 있어요. 버쌍은 종이 공예 우산을 만드는 마을로, 매년 1월경에 우산 축제가 열려요. 버쌍에서는 우산 만들기 체험도 할 수 있고, 직접 만든 우산을 구입할 수도 있어요.

DAY 13 · 금지 표현 말하기

야- 카오빠이 티- 난 나카
อย่า เข้าไป ที่ นั่น นะคะ
거기에 들어가지 마세요.

🔵 지난 학습 · 다시 보기

크ㅓ-이 러-ㅇ 타-ㄴ 쏨땀 마이 크랍
◆ **เคยลองทานส้มตำไหมครับ** → 「เคย크ㅓ-이+동사(구)+ไหม마이」는 '~해본 적이
솜땀을 드셔 본 적이 있으세요?   있으세요?'라는 뜻으로 경험을 물을 때 사용해요.

때-꺼 아러-이 마-ㄱ 르ㅓ-이 카
◆ **แต่ก็อร่อยมากเลยค่ะ** → แต่때-는 '하지만'이라는 의미로
하지만 정말 맛있어요.   전환을 나타내요.

스토리 미리 듣기 🔘 **Track 13-01**

스토리 회화

영우와 플러이가 매홍손의 럿 동굴을 탐험하러 갔어요.
신비로운 동굴 탐험을 함께 떠나 볼까요?

TODAY 학습 포인트

✪ 금지 표현
✪ 시도 표현

오늘의 여행지는?

Post Card

럿 동굴은 미얀마와 국경을 접하고 있는 치앙마이 북서쪽 매홍손 주 빠이 마을 북쪽에 위치해 있어요. 약 1.6㎞의 동굴을 떼목을 타고 탐험을 하며 자연이 빚어 낸 천연 석회암의 아름다움을 즐길 수 있지요.

©pantip

◎ Track 13-02

TODAY

핵심 패턴

17
야- 카오빠이 티- 난 나카
อย่าเข้าไปที่นั่นนะคะ
거기에 들어가지 마세요.

18
러-ㅇ 빠이 타-ㅇ 난 디 마이 크랍
ลองไปทางนั้นดีไหมครับ
저쪽 길로 가볼까요?

🔘 Track 13-03

17

야- 카오빠이 티- 난 나카

อย่า เข้าไป ที่ นั่น นะคะ

~하지 마라   들어가다   ~에   거기   어조사

➜ 거기에 들어가지 마세요.

✓ 금지 표현

금지 표현은 강제성 및 금지의 정도에 따라 다음과 같이 나타냅니다.

구문	뜻	비고
ห้าม하^ㅁ+동사(구)	~금지	게시물, 공고문 등에 사용
อย่า야+동사(구)	~하지 마라	일반적인 금지
ไม่ควร마이쿠-원+동사(구)	~해서는 안 된다	권유의 금지
동사(구)+ไม่ได้마이다이	~해서는 안 된다	가벼운 금지

하^ㅁ 쑤-ㅂ 부리r-

🔘 **ห้ามสูบบุหรี่**   흡연 금지

야- 플라-ㄷ 테-ㅅ싸까-ㄴ 쏭끄라-ㄴ 나카

อย่าพลาดเทศกาลสงกรานต์นะคะ

송끄란 축제를 놓치지 마세요.

마이쿠-원 싸이 까-o께-o 카-싼

ไม่ควรใส่กางเกงขาสั้น   반바지를 입어서는 안 된다.

꼬-혹 마이다이

โกหกไม่ได้   거짓말을 해서는 안 된다.

ไม่ได้마이다이는 가능 조동사 **ได้**다이의 부정형으로 쓰여 '~할 수 없다'는 불가능을 나타내기도 합니다.

폼 와^-이나-ㅁ 마이다이

🔘 **ผมว่ายน้ำไม่ได้**   저는 수영을 할 수 없어요.

찬 캅 롣r 마이다이

ฉันขับรถไม่ได้   저는 운전을 할 수 없어요.

단어

เข้า카오 들어가다

ควร쿠-원
~해야 한다[약한 의무]

สูบ쑤-ㅂ 빨아들이다

บุหรี่부리r- 담배

พลาด플라-ㄷ 놓치다

ใส่싸이 입다, 넣다

กางเกงขาสั้น
까-o께-o 카-싼 반바지

โกหก꼬-혹 거짓말(하다)

ว่ายน้ำ와^-이나-ㅁ
수영하다

ขับรถ캅 롣r 운전하다

 문화 TIP

© kapook

태국의 새해 축제와도 같은 **สงกรานต์**쏭끄라-ㄴ 축제는 연중 가장 더운 달인 4월 중순경(13~15일)에 태국 전 지역에서 개최돼요. 서로 물을 뿌리고 얼굴에 석회도 바르며 축원을 하고 새해의 복을 빌어요.

▶ 다음 |보기|와 같이 연습해 보세요.

Track 13-04

|보기|
01
야- 캅 롣r 레r우
อย่าขับรถเร็ว
빠르게 운전하지 마라.

단어

เร็ว레r우 빠르다

เยอะ여y 많다

เกินไป끄ㅓ-ㄴ빠이
지나치게 ~하다

เล่น렌 놀다, 연주하다

ดึก득 늦은 밤, 심야

ออกไป어-ㄱ빠이 나가다

กลางคืน끌라-ㅇ 크-ㄴ
밤중

① 낀 여y끄ㅓ-ㄴ빠이
กินเยอะเกินไป

② 렌 나-ㅁ 떠-ㄴ 득
เล่นน้ำตอนดึก

③ 어-ㄱ빠이 카-ㅇ너-ㄱ 떠-ㄴ 끌라-ㅇ 크-ㄴ
ออกไปข้างนอกตอนกลางคืน

Track 13-05

|보기|
02
하-ㅁ 타-이 루r-ㅂ
ห้ามถ่ายรูป
사진 촬영 금지

단어

จอด쩌-ㄷ
(차를) 대다, 주차하다

ขาย카-이 팔다

เหล้า라오 술

ทิ้ง팅 버리다

ขยะ카야 쓰레기

① 쩌-ㄷ 롣r
จอดรถ

② 카-이(ㄹ) 라오
ขายเหล้า

③ 팅 카야
ทิ้งขยะ

18

러-ㅇ 빠이 타-ㅇ 난 디- 마이 크랍

ลอง ไป ทาง นั้น ดี ไหม ครับ

~해보다　가다　길　그　좋다　의문조사　어조사

→ 저쪽 길로 가볼까요?

✓ 시도 표현

'~해보다', '시도해 보다'의 표현은 **ลอง**러-ㅇ을 써서 「**ลอง**러-ㅇ+동사(구)+(**ดู**)두-」 형식으로 나타냅니다.

러-ㅇ 침(두-)

◎ **ลองชิม(ดู)**　맛을 보다.

러-ㅇ 타-ㅁ(두-)

ลองถาม(ดู)　질문을 해보다.

러-ㅇ 싸이 러-ㅇ타-오

ลองใส่รองเท้า　신발을 신어 보다.

'~해 보시겠어요?'처럼 권유할 때는 의문조사 **ไหม**마이를 문장 끝에 위치시켜 「**ลอง**러-ㅇ+동사(구)+(**ดู**)두-+**ไหม**마이」 형식을 씁니다.

러-ㅇ 탐(두-) 마이 카

◎ **ลองทำ(ดู)ไหมคะ**　해보시겠어요?

러-ㅇ낀 무-데-ㄷ디-여우 마이 크랍

ลองกินหมูแดดเดียวไหมครับ　무뎃디여우를 먹어 보시겠어요?

러-ㅇ두- 낭피- 마이 카

ลองดูหนังผีไหมคะ　공포 영화를 보시겠어요?

단어

ชิม침 맛보다

ถาม타-ㅁ 질문하다

รองเท้า러-ㅇ타-오 신발

ทำ탐 하다, 만들다

ดู두- 보다

หนังผี낭피- 공포 영화

 문화 TIP

© wongnal

'햇볕 쫸 돼지'라는 뜻의 **หมูแดดเดียว**무-데-ㄷ 디-여우는 돼지고기를 얇고 길게 썰어 양념에 절인 뒤 기름에 튀긴 음식이에요. 가격은 약 30바트로 저렴하고 어느 육포와 비교해도 손색이 없을 정도로 맛있어요.

▶ 다음 |보기|와 같이 연습해 보세요.

Track 13-07

|보기|
03

러-ㅇ 차이 나카
ลองใช้นะคะ
사용해 보세요.

단어

타-ㄴ 안니-
① **ทานอันนี้**

아-ㄴ 악써-ㄴ 뚜-워 니-
② **อ่านอักษรตัวนี้**

빠이 티-여우 티- 므-앙타이
③ **ไปเที่ยวที่เมืองไทย**

ใช้ 차이 사용하다

ทาน 타-ㄴ 드시다

อ่าน 아-ㄴ 읽다

อักษร 악써-ㄴ
글자, 문자

เมืองไทย 므-앙타이
태국

Track 13-08

|보기|
04

러-ㅇ 낀 아-하-ㄴ 타이 마이 크랍
ลองกินอาหารไทยไหมครับ
태국 음식을 드셔 보시겠어요?

단어

첵 두-
① **เช็คดู**

싸이 끄라r쁘로r-ㅇ
② **ใส่กระโปรง**

쁘륵r싸- 깝 퍼-매-
③ **ปรึกษากับพ่อแม่**

เช็ค 첵 확인하다(check)

กระโปรง 끄라r쁘로r-ㅇ
치마

ปรึกษา 쁘륵r싸-
상담하다

กับ 깝 ~와(과), 함께

พ่อแม่ 퍼-매- 부모

맛있는 현지 회화

회화 듣기 ◎ Track 13-09   직접 따라 말하기 ◎ Track 13-10

☀ 영우와 플러이가 동굴 탐험을 하고 있어요.

플러이
쿤 여-ㅇ우-카   야- 카오빠이 티- 난 나카
คุณยองอูคะ อย่าเข้าไปที่นั่นนะคะ

영우
어-   뜨롱r 니- 미- 키-안 와이 와- 하-ㅁ 카오 크랍
อ่อ ตรงนี้มีเขียนไว้ว่าห้ามเข้าครับ

플러이
므-어와-ㄴ 미- 폰f 똑   타논 꺼- 르r-이 르-ㄴ 카
เมื่อวานมีฝนตก ถนนก็เลยลื่นค่ะ

당난 라r오 떵 라왕 두-워이 나카
ดังนั้นเราต้องระวังด้วยนะคะ

영우
응안   라r오 라r-ㅇ 빠이 타-ㅇ 난 디- 마이 크랍
งั้น เราลองไปทางนั้นดีไหมครับ

플러이
두-므-안 와- 타-ㅇ 니- 짜 쁠러-ㄷ파이 꽈- 나카
ดูเหมือนว่าทางนี้จะปลอดภัยกว่านะคะ

영우
크랍   쿤 플러-이 꺼 라왕 두-워이 나크랍
ครับ คุณพลอยก็ระวังด้วยนะครับ

단어
◎ Track 13-11

• **อย่า** 야- ~하지 마라[금지조동사] • **เข้า** 카오 들어가다 • **อ่อ** 어- 아[감탄사] • **เขียน** 키-안 쓰다 • **ไว้** 와이 ~(해)두다
[보조동사] • **ห้าม** 하-ㅁ ~하지 마라[금지조동사] • **เมื่อวาน** 므-어와-ㄴ 어제 • **ฝน** 폰f 비 • **ตก** 똑 (눈이나 비가) 내리다
• **ถนน** 타논 도로, 길 • **ก็เลย** 꺼-르r-이 그래서 • **ลื่น** 르-ㄴ 미끄럽다 • **ดังนั้น** 당난 그러므로 • **ระวัง** 라왕 조심하다
• **ทาง** 타-ㅇ 길, 도로 • **ดูเหมือน** 두-므-안 ~처럼 보이다 • **ปลอดภัย** 쁠러-ㄷ파이 안전하다 • **กว่า** 꽈- ~보다[비교급]

156

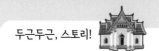

플러이   영우 씨, 거기에 들어가지 마세요.

영우   아, 여기 '출입 금지'라고 쓰여 있네요.

플러이   어제 비가 와서 길이 미끄러우니 조심하세요.

영우   그럼 저쪽 길로 가볼까요?

플러이   이쪽이 더 안전해 보여요.

영우   네, 플러이 씨도 조심하세요.

맛있는 회화 TIP

태국의 경고 표지판을 알아 두세요!

ห้ามเข้า	ห้ามสูบบุหรี่	ห้ามถ่ายรูป	ห้ามสวม รองเท้าแตะ	ห้ามนั่ง
하ㅁ 카오	하ㅁ 쑤ㅂ 부리ㄱ	하ㅁ 타이 루ㄱㅂ	하ㅁ 쑤웜 러ㅇ타ㅡ오때	하ㅁ 낭
출입 금지	흡연 금지	사진 촬영 금지	슬리퍼 착용 금지	앉지 마시오

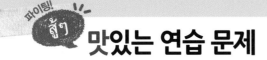

맛있는 연습 문제

실력 쑥쑥!!

1 녹음을 잘 듣고 일치하는 단어를 고르세요.   ⊚ Track 13-13

①
อย่า
ยา

②
ร้อง
ลอง

③
ทำ
ถาม

2 〈보기〉에서 알맞은 단어를 찾아 문장을 완성하세요.

보기   **อย่า**   **ห้าม**   **ไม่ควร**

① _____**สูบบุหรี่**

흡연 금지

② _____**ใส่กางเกงขาสั้น**

반바지를 입어서는 안 된다.

③ _____**เข้าไปที่นั่น**

거기에 들어가지 마라.

*힌트
• ①②③ → 152쪽 **17** 참고

3 다음 문장을 태국어로 쓰세요.

① 맛을 보세요.   → _____

② 신발을 신어 보세요.   → _____

③ 해보시겠어요?   → _____

*힌트
• ①②③ → 154쪽 **18** 참고

이색적인 동굴 탐험을 즐길 수 있는
탐 남럿 ถ้ำน้ำลอด

물이 통과하는 동굴이라는 의미의 남럿 동굴은 매홍손 주 북동쪽에 위치해 있어요.
때에 따라 박쥐 떼를 구경할 수 있어서 여행객들에게는 박쥐 동굴로도 알려져 있지요.

남럿 동굴 입구

© Hoang

탐 남럿에서는 현지 가이드의 안내로 램프를 켠 채 나무 뗏목을
타며 자연을 탐험할 수 있어요. 뷰포인트에 잠시 내려 자연이 만들
어 낸 멋진 석회암(일부 석회암은 모양에 따라 '나무', '용'과 같은
이름도 있어요)을 배경으로 사진도 찍을 수 있어서 동굴 탐험 애
호가들에게 인기가 많아요.

© pantip

★
반락타이

카렌족 마을

© suphatsaya

매홍손 주 추천 관광지로는 카렌족 마을과 반락타이가 있어요.
카렌족 마을은 여성들이 어려서부터 목에 원형으로 된 황동 장신
구를 착용하며 살아가는 '긴 목'의 소수민족 마을이에요. 반락타
이는 매홍손 주의 '작은 중국'이라고도 불리는데, 이곳에서는 중
국식 차와 요리를 즐길 수 있어요.

DAY 14

증상 말하기

폼 루ㄱ쓱 뿌ㄹ워 터-ㅇ 크랍
ผม รู้สึก ปวด ท้อง ครับ
저는 속이 안 좋은 것 같아요.

🔍 **지난 학습** 다시 보기

야- 카오빠이 티- 난 나카
◆ **อย่าเข้าไปที่นั่นนะคะ** ➡ 「**อย่า**야-+동사(구)」는 '~하지 마세요'라는
거기에 들어가지 마세요. 뜻으로 금지를 나타내요.

러-ㅇ 빠이 타-ㅇ 난 디- 마이 크랍
◆ **ลองไปทางนั้นดีไหมครับ** ➡ 「**ลอง**러-ㅇ+동사(구)+**ไหม**마이」는
저쪽 길로 가볼까요? '~해 보시겠어요?'라는 뜻을 나타내요.

스토리 미리 듣기 ◎ Track 14-01

TODAY
스토리
회화

영우는 치앙라이의 렁쿤 사원을 관람하는 도중에 배가 아파서 가까운 약국을 찾았어요.
태국어로 증상을 잘 말할 수 있을까요?

TODAY
학습
포인트

☆ 감정 표현
☆ 가정법 표현

🚩 오늘의 여행지는?

렁쿤 사원은 사원 전체가 흰색으로 지어져 백색 사원 또는 화이트 템플(white temple)이라고도 불려요. 사원이 아주 신비롭고 아름다워 많은 관광객들이 찾아와요.

Post Card.

© aumsin-moo

TODAY

핵심 패턴

19

<small>폼 루r-쓱 뿌-월 터-ㅇ 크랍</small>

ผมรู้สึกปวดท้องครับ

저는 속이 안 좋은 것 같아요.

20

<small>타 아-까-ㄴ 마이 디- 크 러-ㅇ 빠이 로r-ㅇ파야-바-ㄴ 카</small>

ถ้าอาการไม่ดีขึ้น ลองไปโรงพยาบาลค่ะ

만약 증상이 나아지지 않으면, 병원에 가보세요.

맛있는 핵심 패턴

동영상 강의

🎵 Track 14-03

19

폼	루r-쓱	뿌-월	터-ㅇ	크랍

ผม รู้สึก ปวด ท้อง ครับ

나	느끼다	아프다	배	어조사

➜ 저는 속이 안 좋은 것 같아요.

✓ 감정을 나타내는 표현

감정이나 상태를 나타낼 때는 「รู้สึก루-쓱+감정/상태」 형식을 사용합니다. 감정을 나타내는 표현에는 '마음'이라는 뜻의 명사 ใจ짜이가 합성어로 쓰이기도 합니다.

상태	좋다	배고프다	아프다, 편찮다
	ดี다-	**หิว**히우	**ไม่สบาย**마이싸바-이
감정	기쁘다	보람차다	감탄하다
	ดีใจ디-짜이	**ภูมิใจ**품짜이	**ประทับใจ**쁘라탑짜이

단어

รู้สึก루-쓱 느끼다

ปวด뿌-월 아프다

ท้อง터-ㅇ 배[신체]

ใจ짜이 마음, 심장

ประทับ쁘라탑 감명 깊다

หิวน้ำ히우 나-ㅁ 목마르다

ร้านสะดวกซื้อ
라-ㄴ 싸두-억-쓰 편의점

폼 루r-쓱 히우 나-ㅁ 크랍

🔵 **ผมรู้สึกหิวน้ำครับ** 저는 목이 말라요.

완니- 디찬 루r-쓱 디-짜이 마-ㄱ 카

วันนี้ดิฉันรู้สึกดีใจมากค่ะ 저는 오늘 아주 기뻐요.

▷ **ใจ**짜이가 쓰인 감정 관련 표현

기쁘다	이해하다	슬프다	놀라다
ดีใจ 디-짜이	**เข้าใจ** 카오짜이	**เสียใจ** 씨-야짜이	**ตกใจ** 똑짜이
믿다	관심이 있다	결정하다	만족하다
เชื่อใจ 츠-아짜이	**สนใจ** 쏜짜이	**ตัดสินใจ** 땃씬짜이	**พอใจ** 퍼-짜이
원통하다	마음이 무겁다	(마음이) 급하다	어려워하다
เจ็บใจ 쩹짜이	**หนักใจ** 낙짜이	**ร้อนใจ** 러-ㄴ 짜이	**เกรงใจ** 끄레-ㅇ짜이

문화 TIP

태국의 편의점은 24시간 영업을 해요. 두통약, 소화제, 밴드 등 기초 약품이 구비되어 있으니, 약국이 문을 닫은 이후에는 편의점을 이용하세요.

▶ 다음 |보기|와 같이 연습해 보세요.

Track 14-04

|보기|
01
루r-쓱   뿌-월   후-워
รู้สึกปวดหัว
머리가 아픈 것 같다.

단어

쩹 커-
① **เจ็บคอ**

므-어이 캐-ㄴ
② **เมื่อยแขน**

터-ㅇ 씨-야
③ **ท้องเสีย**

หัว후-워 머리

เจ็บ쩹 (상처 등이) 아프다

คอ커- 목

เมื่อย므-어이
(근육 등이) 뻐근하다

แขน캐-ㄴ 팔

ท้องเสีย터-ㅇ 씨-야
배탈이 나다

Track 14-05

|보기|
02
루r-쓱   나-우
รู้สึกหนาว
추운 것 같다.

단어

느-어이
① **เหนื่อย**

러r-ㄴ
② **ร้อน**

야-ㄱ
③ **ยาก**

เหนื่อย느-어이
피곤하다

ร้อน러r-ㄴ 덥다

ยาก야-ㄱ 어렵다

20

ถ้า อาการ ไม่ ดี ขึ้น ลอง ไป โรงพยาบาล ค่ะ

만약 ~라면 증상 부정 좋다 보조동사 시도하다 가다 병원 어조사

→ 만약 증상이 나아지지 않으면, 병원에 가보세요.

✓ 가정법 표현

'만약 ~라면'이라는 가정을 나타내는 접속사로는 **ถ้า**, **ถ้าหาก**, **หาก** 등이 있습니다. 가정 접속사는 보통 문장 앞에 위치하고, 회화에서는 **ถ้า**가 주로 쓰입니다.

선행절		후행절
ถ้า	주어+술어	주어+(**ก็**-)+술어

ถ้าพรุ่งนี้อากาศไม่ร้อน ผมก็จะไปว่ายน้ำ

만약 내일 덥지 않다면, 저는 수영하러 갈 거예요.

ถ้าฉันเป็นคนรวย ฉันก็จะไปเที่ยวรอบโลก

만약 내가 부자라면, 저는 세계 여행을 할 거예요.

선행절과 후행절은 위치를 바꾸어서 쓸 수 있습니다.

후행절		선행절	
주어+**จะ**+술어		**ถ้า**	주어+술어

※후행절을 앞에 위치시킬 경우에는 **ก็**를 쓰지 않고 **จะ**를 씁니다.

ผมจะไปว่ายน้ำถ้าพรุ่งนี้อากาศไม่ร้อน

저는 수영하러 갈 거예요. 만약 내일 덥지 않다면요.

ฉันจะไปเที่ยวรอบโลกถ้าฉันเป็นคนรวย

저는 세계 여행을 할 거예요. 만약 부자라면요.

단어

อาการ 증상

ขึ้น ~해지다[증가]

พรุ่งนี้ 내일

ร้อน 덥다

รวย 부자

รอบ 주위, 주기

โลก 세계, 지구

표현 TIP

조건절에서 선행절과 후행절 사이에는 띄어쓰기를 하는데, 후행절을 앞에 위치시킬 경우에는 띄어쓰기를 하지 않습니다.

문화 TIP

© pantip

태국은 여름(3월~5월), 우기(6월~10월), 겨울(11월~2월) 이렇게 세 가지 계절(**ฤดู**)로 나뉘어요. 우기 때는 스콜성 호우가 자주 쏟아지는데, 보통 1시간 이내로 멈춰요.

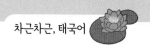

▶ 다음 |보기|와 같이 연습해 보세요.

 Track 14-07

|보기
03

쿤 쓰-   폼 짜 쓰-
คุณซื้อ / ผมจะซื้อ

타- 쿤 쓰-   폼 꺼- 짜 쓰-
→ ถ้าคุณซื้อ ผมก็จะซื้อ
만약 당신이 산다면, 저도 살 거예요.

단어

ซื้อ쓰- 사다

เขา카오 그 사람

อากาศ아-까-ㄷ 날씨

อาบแดด아-ㅂ대-ㄷ
일광욕하다

카오 빠이   찬 짜 빠이
① เขาไป / ฉันจะไป

쿤 마이 낀   폼 짜 마이 낀
② คุณไม่กิน / ผมจะไม่กิน

완니- 아-까-ㄷ 디-   찬 짜 빠이 아-ㅂ대-ㄷ
③ วันนี้อากาศดี / ฉันจะไปอาบแดด

맛있는 현지 회화

회화 듣기 ◎ Track 14-08　　직접 따라 말하기 ◎ Track 14-09

☀ 영우는 배가 아파서 가까운 약국을 찾았어요.

영우
쿤 플러-이 크랍　　　　　　폼 루r-쏙 뿌ˋ-월 터́-ㅇ 크랍
คุณพลอยครับ ผมรู้สึกปวดท้องครับ

플러이
러r- 카́　　　　라r오 빠이 라́r-ㄴ 카́-이야́ 깐 디- 꽈ˋ 카
หรอคะ เราไปร้านขายยากันดีกว่าค่ะ

– 약국에서

약사
뿌ˋ-워이 뻰아라r이 카́
ป่วยเป็นอะไรคะ

영우
폼 미- 아-까́-ㄴ 뿌ˋ-월 터́-ㅇ 크랍
ผมมีอาการปวดท้องครับ

커 야́- 깨ˋ- 뿌ˋ-월 터́-ㅇ 다이마́이 크랍
ขอยาแก้ปวดท้องได้ไหมครับ

약사
니ˆ- 카́　　 때ˋ- 타́- 아-까́-ㄴ 양 마이디́- 크ˆㄴ
นี่ค่ะ แต่ถ้าอาการยังไม่ดีขึ้น

내́남 하이 러r-ㅇ 빠이 로r-ㅇ파야́-바-ㄴ 나́카
แนะนำให้ลองไปโรงพยาบาลนะคะ

영우
크랍　　 커ˋ-ㅂ쿤 크랍
ครับ ขอบคุณครับ

단어　　　　　　　　　　　　　　　　　　◎ Track 14-10

• **รู้สึก** 루́r-쏙 느끼다　• **ปวด** 뿌́-월 아프다　• **ท้อง** 터́-ㅇ 배　• **ปวดท้อง** 뿌́-월 터́-ㅇ 속이 안 좋다, 배탈이 나다
• **ร้านขายยา** 라́-ㄴ카́-이야́ 약국　• **ป่วย** 뿌̀-워이 아프다, 앓다　• **เป็นอะไร** 뻰아라r이 어떠세요?[상태나 증상을 묻는 관
용 표현]　• **อาการ** 아-까́-ㄴ 증상　• **ขอ** 커̀- ~(해) 주세요　• **แก้** 깨́ 고치다, 수정하다　• **ยา** 야́- 약　• **ถ้า** 타́- 만약 ~라면
• **ยัง** 양 아직　• **ขึ้น** 크́ㄴ ~해지다[증가]　• **แนะนำให้** 내́남 하이 ~하기를 권하다　• **โรงพยาบาล** 로r-ㅇ파야́-바-ㄴ 병원

영우   플러이 씨, 저는 속이 안 좋은 것 같아요.

플러이   그래요? 약국에 같이 가요.

– 약국에서

약사   어떻게 아프세요?

영우   배탈 증세가 있어요.
배탈 약 좀 주세요.

약사   여기요. 만약 증상이 나아지지 않으면,
병원에 가보시길 권합니다.

영우   네. 감사합니다.

맛있는 회화 TIP

여러 증상을 정확하게 표현하세요!

상처나 수술로 인해 물리적으로 아플 때는 **เจ็บ**쩹, 두통 혹은 복통 등 눈에 보이지 않는 아픔을 표현할 때는
ปวด뿌-월, 눈이 따끔거리거나 시릴 때는 **แสบ**쌔-ㅂ, 이가 시릴 때는 **เสียว**씨-여우, 오래 앉아 있어서
허리나 등이 뻐근할 때는 **เมื่อย**ㅁ-어이를 활용해요.

예 **เจ็บเท้า**쩹 타-오 발이 아프다 **ปวดท้อง**뿌-월 터-ㅇ 속이 안 좋다 **แสบตา**쌔-ㅂ 따 눈이 시리다
เสียวฟัน씨-여우 퐌 이가 시리다 **เมื่อยหลัง**ㅁ-어이 랑 등이 뻐근하다

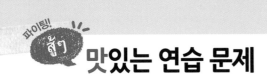

파이팅! 읽기

맛있는 연습 문제

실력 쑥쑥!!

1 녹음을 잘 듣고 일치하는 단어를 고르세요.

(○) Track 14-12

① อากาศ

อาการ

② น้ำ

นาม

③ ว่าย

ไว้

2 사진에 어울리는 단어를 〈보기〉에서 골라 쓰세요.

보기   ปวด   ร้อน   ดีใจ

①

②

③

_____   _____   _____

3 다음 문장을 선행절과 후행절을 바꾸어 쓰세요.

① ถ้าคุณไม่กิน ผมก็จะไม่กิน

→ ผม_____ ถ้า_____

② ถ้าไม่เรียน ก็จะไม่เข้าใจ

→ _____ ถ้า_____

*힌트

• ①② → 164쪽 **20** 참고

168

백색 사원

왓 렁쿤 วัดร่องขุ่น

'혼탁한 도랑물이 흐르는 사원'이라는 의미의 렁쿤 사원은 태국의 최북부 도시인 치앙라이 주 남쪽에 위치해 있어요. 태국의 국립 예술가로 활동 중인 찰름차이 교수가 자신의 고향인 치앙라이에 지상 낙원과 같은 성전을 만들고자 설계하고 건축한 사원이지요.

렁쿤 사원은 부처의 순수함을 바탕으로 사원 전체를 흰색으로 표현한 점이 가장 큰 특징이에요. 사원으로 향하는 둥근 모양의 다리는 불계로 향하는 윤회 사상을 뜻하고, 커다란 송곳니와 악의 신 조형물은 마음속 번뇌를 의미해요.

손모양 장식물로 가득 차 있는 사진을 잘 살펴보면 가운데 아랫부분에 빨간색 손톱이 그려진 손을 볼 수 있는데, 이것은 지옥에서 인간 세상의 아름다움에 대한 열망과 바람을 표현한 것이에요. 이렇게 렁쿤 사원 곳곳에 위치한 조형물과 건축물의 다양한 의미를 알고 관람한다면 보다 재미있고 의미 있는 여행이 될 거예요.

셋째 주 다시 보기 DAY 11-14

이번 주 핵심 패턴

DAY 11

Pattern 13

위치 표현

마하-윋타야-ㄹ라이　치-양마이　유-　티-나이　카

มหาวิทยาลัยเชียงใหม่อยู่ที่ไหนคะ

치앙마이 대학교는 어디에 있어요?

└, 「A+**อยู่ที่ไหน**유-티-나이」는 'A는 어디에 있어요?'라는 뜻이에요.

└, '~에 있어요'의 표현은 「**อยู่**유+**ที่**티-+장소」 형식을 사용해요.

Pattern 14

길 안내 및 방향 표현

리-여우 콰-　뜨롱r　씨-애-ㄱ　크랍

เลี้ยวขวาตรงสี่แยกครับ

사거리에서 우회전하세요.

└, 길을 설명할 때에는 「방향동사+**ที่**티-/**ตรง**뜨롱r+장소」 형식을 사용해요.

DAY 12

Pattern 15

경험 표현

크ㅓ-이 러-ㅇ　타-ㄴ　쏨땀　마이　크랍

เคยลองทานส้มตำไหมครับ

솜땀을 드셔 본 적이 있으세요?

└, 「**เคย**크ㅓ-이+동사(구)+**ไหม**마이」는 '~해본 적이 있으세요?'라는 뜻으로 경험을 물을 때 사용해요.

└, '~해본 적이 있어요'의 표현은 「**เคย**크ㅓ-이+동사(구)」, '~해본 적이 없어요'는 「**ไม่เคย**마이크ㅓ-이+동사(구)」를 사용해요.

Pattern 16

접속사 '그러나', '하지만'

때-꺼-　아러r-이　마-ㄱ　르ㅓ-이　카

แต่ก็อร่อยมากเลยค่ะ

하지만 정말 맛있어요.

└, 접속사 **แต่**때-는 '하지만'이라는 의미로 전환을 나타내요.

สู้ๆ

실력 다지기 1

1 다음 문장을 태국어로 쓰세요.

① 학교는 어디에 있어요?

▷ _____อยู่_____ครับ(คะ)

*힌트

โรงเรียน로ˉ-ㅇ리ˉ얀 학교

แพง패ˉ-ㅇ 비싸다

② 아주 비싸지만 좋아요.

▷ แพง_____แต่ก็_____ครับ(ค่ะ)

2 다음 중 빈칸에 들어갈 알맞은 표현을 고르세요.

ฉันยัง(   )ขึ้นตุ๊กตุ๊กครับ

저는 아직 뚝뚝을 타본 적이 없어요.

*힌트

ขึ้นʌ̂ 타다

ตุ๊กตุ๊ก뚝뚝 삼륜차

① ไม่ค่อย   ② เคย   ③ ไม่เคย   ④ คอย

3 다음 단어를 배열하여 우리말에 알맞은 문장을 만드세요.

① 그 사람은 사무실에 있어요.

ที่   เขา   ออฟฟิศ   อยู่

▷ _____ครับ(ค่ะ)

② 태국 영화를 본 적이 있어요.

ไทย   ดู   เคย   หนัง

▷ _____ครับ(ค่ะ)

Pattern
17

금지 표현

야- 카오빠이 티- 난 나카

อย่าเข้าไปที่นั่นนะคะ

거기에 들어가지 마세요.

∟ 「**อย่า**야+동사(구)」는 '~하지 마세요'라는 뜻으로 금지를 나타내요.

Pattern
18

시도 표현

러-ㅇ 빠이 타-ㅇ 난 디- 마이 크랍

ลองไปทางนั้นดีไหมครับ

저쪽 길로 가볼까요?

∟ 「**ลอง**러-ㅇ+동사(구)+**ไหม**마이」는 '~해 보시겠어요?'라는 뜻을 나타내요.

Pattern
19

감정을 나타내는 표현

폼 루r-쓱 뿌워 타-ㅇ 크랍

ผมรู้สึกปวดท้องครับ

저는 속이 안 좋은 것 같아요.

∟ 「**รู้สึก**루r-쓱+감정/상태」 형식은 '~인 것 같다'라는 뜻이에요.

Pattern
20

가정법 표현

타- 아-까-ㄴ 마이 디- 큰 러-ㅇ 빠이 로r-ㅇ파야-바-ㄴ 카

ถ้าอาการไม่ดีขึ้น ลองไปโรงพยาบาลค่ะ

만약 증상이 나아지지 않으면, 병원에 가보세요.

∟ 「**ถ้า**타-+주어+동사」 형식은 '만약 ~라면'이라는 가정을 나타내요.

สู้ๆ

■— 실력 다지기 2 —■

1 다음 문장을 태국어로 쓰세요.

① 이 옷을 입어 보시겠어요?

▷ _____ **ไหมครับ(คะ)**

*힌트

ใส่싸이 입다

เสื้อ쓰-아 옷[상의]

หิว히우 배고프다

② 저는 배가 고파요.

▷ **ฉันรู้สึก**_____**ครับ(ค่ะ)**

2 다음 중 빈칸에 들어갈 알맞은 표현을 고르세요.

> **(   )มีเวลา ฉัน(   )อยากไปเที่ยว**
> 만약 시간이 있다면, 저는 여행을 가고 싶어요.

*힌트

เวลา웨-ㄹ라- 시간(time)

① **อย่า / แต่** ② **ลอง / ก็** ③ **ถ้า / หาก** ④ **ถ้า / ก็**

3 다음 단어를 배열하여 우리말에 알맞은 문장을 만드세요.

① 저는 운전을 할 수 없어요.

| **ไม่ได้** | **ขับ** | **ฉัน** | **รถ** |

▷ _____ **ครับ(ค่ะ)**

② 지나치게 많이 드시지 마세요.

| **กิน** | **เกินไป** | **เยอะ** | **อย่า** |

▷ _____

THAILAND

✈ 우리만 알고 있는 여행 이야기

태국 북부

태국 북부 여행의 매력은 바로 이것!

1. 치앙마이의 가로수길이라 불리는 님만해민 거리
2. 북부인들의 생활을 내려다볼 수 있는 몬쨈 산
3. 신비한 백색의 불교사원 치앙라이 렁쿤 사원
4. 태국산 커피의 본고장 치앙라이 반도이창 마을
5. 램프를 들고 떠나는 동굴 탐험! 매홍손 럿 동굴
6. 내 손으로 만드는 DIY 우산! 우산 체험 마을 버쌍

북부 여행 ✷ 버킷 리스트

☑ 여긴 꼭 가자!

치앙마이 도이수텝 사원
치앙마이 여행의 필수 코스!
치앙마이의 대표 사원!

치앙마이 도이인타논 국립공원
폭포의 절경을 느끼며 트래킹하기에 안성맞춤!

치앙마이 님만해민 카페 거리
북부산 커피를 마시며 예술 작품도 감상해 보세요.

치앙마이 버쌍 마을
매년 1월 중순에 우산 축제를 즐길 수 있어요.

☑ 이건 꼭 마시자!

도이창 커피
태국 북부의 대표 커피로 고소함 뒤에 번지는 약간의 단맛을 느껴 보세요.

도이퉁 커피
태국 왕실에서 직접 품질을 관리하는 커피로 신맛이 약하고 깊고 강한 향을 풍겨요.

와위 커피
드립 커피로 무겁지 않고 깔끔해요.

문화로 만나는 태국

음식 문화

📷 주류에도 빨대를

태국에서는 상점이나 편의점에서 음료나 주류를 구입하면 빨대를 꼭 챙겨 줍니다. 각종 음료수 병이나 캔 등이 재활용되기 때문에 위생을 위한 문화라고 생각하기 때문입니다. 최근에는 환경 문제로 인해 빨대뿐 아니라 비닐봉투의 사용을 줄이는 캠페인을 주기적으로 벌이고 있습니다.

📷 서로 다른 콜라

우리나라에서 '콜라'는 음료의 한 종류로 인식되지만 태국에서는 상품별로 다르게 사용합니다. 식당에서 주문할 때는 해당 상품명을 콕! 집어 말해야 합니다.

📷 치우지 마세요

우리나라에서는 푸드코트나 패스트푸드점에서 식사를 마친 뒤에는 식기류 등을 반납하거나 앉은 자리를 정리하는 경우가 일반적인데요, 태국에서는 식사를 마치면 종업원이 정리해 줍니다.

📷 계산해 주세요

우리나라에서는 계산할 때 계산대에 가서 하지만, 태국에서는 일반적으로 식사를 마친 자리에서 손님이 계산서를 요구하면 종업원이 와서 주문한 음식을 확인한 뒤 음식값을 계산해서 거스름돈까지 가져다줍니다.

현지에서 한마디!

맛있게 식사한 후 계산 전에 말해요!

커- 첵빈 너이 크랍(카)

ขอเช็คบิลหน่อยครับ(ค่ะ)

계산서 좀 주세요!

지금 태국 휴양지를 만나러 가자!

이번 주에는?

일정을 묻거나 희망 사항을 표현할 수 있어요.

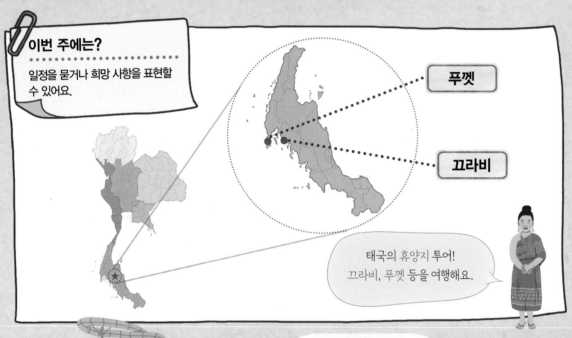

푸껫

끄라비

태국의 휴양지 투어!
끄라비, 푸껫 등을 여행해요.

DAY 17 끄라비-피피 섬

추측 표현으로 오늘의 태국 날씨를 말할 수 있어요.

DAY 16 후아힌

요일과 날짜 표현을 익혀 일정을 물어봐요.

DAY 18
푸껫-빠통 비치
อยาก(~하고 싶다) 표현으로
자신의 희망 사항을 말해 봐요.

DAY 19
꼬창
ชอบ(좋아하다) 표현으로
서로의 취미를 물어볼 수 있어요.

DAY 20

넷째 주 DAY 16~19 복습
DAY 16~19의 주요 학습 내용을 복습하고,
다양한 문제로 자신의 실력을 체크해 보세요.

태국의
여행&문화
태국 휴양지를 추천하는 이유와 알아 두면 좋은
태국 문화에 대해 알 수 있습니다.

▲ 토지신 제단

DAY 16 날짜 표현하기

완니- 완 아라r이 카

วันนี้ วัน อะไร คะ

오늘은 무슨 요일이에요?

🗨️ **지난 학습** 다시 보기

폼 루r-쓱 뿌-월 터-ㅇ 크랍

◆ **ผมรู้สึกปวดท้องครับ** ⟶ 「รู้สึก루r-쓱+감정/상태」형식은
저는 속이 안 좋은 것 같아요.   '~인 것 같다'라는 뜻이에요.

타- 아-까-ㄴ 마이 디- 크ㅌㄴ 러-ㅇ 빠이 로-ㅇ파야-바-ㄴ 카

◆ **ถ้าอาการไม่ดีขึ้น ลองไปโรงพยาบาลค่ะ**
만약 증상이 나아지지 않으면, 병원에 가보세요. ⟶ 「ถ้า타-+주어+동사」형식은 '만약 ~라면'
                                          이라는 가정을 나타내요.

스토리 미리 듣기 ◎ Track 16-01

TODAY 스토리 회화

유미와 솜밧이 후아힌 기차역에서 대화를 나누고 있어요.
함께 들어 볼까요?

TODAY 학습 포인트

✰ 날짜와 요일 표현
✰ 때를 나타내는 다양한 표현

오늘의 여행지는?

후아힌은 남서부의 대표적인 휴양지로 20세기 초 당시 태국의 국왕인 라마 7세의 별궁이 지어져 각광을 받게 되었어요. 왕실의 휴양지라는 명성에 걸맞게 한가롭고 여유로운 풍경을 즐길 수 있어요.

TODAY
핵심 패턴

21
완니- 완 아라이 카
วันนี้วันอะไรคะ
오늘은 무슨 요일이에요?

22
완끄ㅓ-ㄷ 쿤 쏨밭 므-어라이 카
วันเกิดคุณสมบัติเมื่อไหร่คะ
솜밧 씨 생일은 언제예요?

맛있는 핵심 패턴

동영상 강의

◎ Track 16-03

21

완니- 완 아라이 카

วันนี้ วัน อะไร คะ

오늘 요일, 날 무슨 어조사

→ 오늘은 무슨 요일이에요?

✓ 날짜 표현

단어

วันนี้완니- 오늘

วัน완 요일, 날

เดือน드-안 월, 달

ปี삐- 년

เท่าไร타오라이 얼마

ที่티- 제~[서수사]

จะ짜 ~할 것이다

เมืองไทย므-앙타이 태국

날짜는 「**วัน**완 일 – **เดือน**드-안 월 – **ปี**삐- 년」 순으로 표기합니다.

완푿 티- 능 마까라r-콤 퍼-써- 써-ㅇ판 하-러r-이 혹씹 싸-ㅁ

◎ **วันพุธที่ 1 มกราคม พ.ศ. 2563** 2020년 1월 1일 수요일

날짜를 물을 때는 「**วันที่เท่าไร**완티- 타오라이」, 대답할 때는 「**วันที่**완티-+숫자」 형식을 사용합니다.

카오 짜 마- 므-앙타이 완티- 타오라이 카

◎ A **เขาจะมาเมืองไทยวันที่เท่าไรคะ** 그는 태국에 며칠에 와요?

카오 짜 마- 므-앙타이 완티- 씹써-ㅇ 크랍

B **เขาจะมาเมืองไทยวันที่ 12 ครับ** 그는 태국에 12일에 올 거예요.

태국어에는 고유한 월 표현이 있는데, 2월을 제외한 월 표현 뒤에는 **คม**콤 또는 **ยน**욘이 붙어 있습니다.

1월	2월	3월	4월	5월	6월
มกรา คม	**กุมภา พันธ์**	**มีนา คม**	**เมษา ยน**	**พฤษภา คม**	**มิถุนา ยน**
마까라r-콤	꿈파-판	미-나-콤	메-싸-욘	프르ㅅ싸파콤	미투나-욘

7월	8월	9월	10월	11월	12월
กรกฎา คม	**สิงหา คม**	**กันยา ยน**	**ตุลา คม**	**พฤศจิกา ยน**	**ธันวา คม**
까라까다-콤	씽하-콤	깐야-욘	뚜ㄹ라콤	프르ㅅ싸찌까-욘	탄와-콤

🍲 표현 TIP

불교 국가인 태국에서는 서력과 불력을 구분해서 사용하고 있어요.

① 서력

คริสต์ศักราช
(ค.ศ.) 크릳싹까라r-ㄷ (커-써-)

② 불력

พุทธศักราช
(พ.ศ.) 푿타싹까라r-ㄷ (퍼-써-)

불력=서력+543

180

|보기|
01

| TODAY
7월 7일
화요일 | → | 완양카ㄴ 티- 쩻 (드-안) 까라까다-콤
วันอังคารที่7(เดือน)กรกฎาคม |

①

| TODAY
11월 11일
수요일 | _____**ที่11(เดือน)**_____ |

②

| TODAY
4월 20일
월요일 | _____**ที่20(เดือน)**_____ |

③

| TODAY
9월 5일
토요일 | _____**ที่5(เดือน)**_____ |

④

| TODAY
3월 15일
일요일 | _____**ที่15(เดือน)**_____ |

🍚 **표현 TIP**

태국에서는 각각의 요일에 해당하는 신이 있다고 믿으며, 특정 요일을 대표하는 색이 있어요.

월요일	화요일	수요일	목요일	금요일	토요일	일요일
วันจันทร์ 완짠	**วันอังคาร** 완양카ㄴ	**วันพุธ** 완풋	**วันพฤหัส(บดี)** 완파르r한싸(버-디-)	**วันศุกร์** 완쑥	**วันเสาร์** 완싸오	**วันอาทิตย์** 완아-팃

카오 짜 마- 므-앙타이 완 아라r이 크랍

🔊 A **เขาจะมาเมืองไทยวันอะไรครับ** 그는 태국에 무슨 요일에 와요?

완양카ㄴ 카

B **วันอังคารค่ะ** 화요일요.

22

วันเกิด คุณ สมบัติ เมื่อไหร่ คะ
완끄ㅓ-ㄷ　쿤　쏨밷　므-어라ò이　카
생일　씨　쏨밷　언제　어조사

→ 솜밧 씨 생일은 언제예요?

✓ **의문사 เมื่อไหร่**므-어라ò이

'언제'라는 뜻의 의문사 **เมื่อไหร่**므-어라ò이는 과거와 미래의 상황에 모두 쓸 수 있습니다. 과거를 나타낼 때에는 문장의 뒤에 위치하고, 미래를 나타낼 때에는 문장의 앞 또는 뒤에 위치하는데, 미래 조동사 **จะ**짜와 함께 쓰입니다.

카ò오 마 틍 므-앙타이 므-어라ò이 크랍

🗨 **เขามาถึงเมืองไทยเมื่อไหร่ครับ** 　그는 태국에 언제 도착했어요? [과거]

카ò오 짜 마 므-앙타이 므-어라ò이 카

เขาจะมาเมืองไทยเมื่อไหร่คะ 　그는 태국에 언제 올 거예요? [미래]

므-어라ò이 카ò오 짜 마 므-앙타이 카

= **เมื่อไหร่เขาจะมาเมืองไทยคะ**

▷ 시간부사

	초	중	말
①	**ต้น**똔	**กลาง**끌라ㅇ	**สิ้น**씬 / **ปลาย**쁠라ò이
	주	달, 월	해, 년
②	**อาทิตย์**아틷	**เดือน**드-안	**ปี**삐-
	지난	이번	다음
③	**ที่แล้ว**티-래-우	**นี้**니-	**หน้า**나-

결합 예시 [①+②] **ต้นเดือน**똔 드-안 월초 　[②+③] **อาทิตย์นี้**아틷 니- 이번 주

[①+②+③] **กลางเดือนหน้า**끌라ㅇ 드-안 나- 다음 달 중순

카ò오 마 틍 므-앙타이 드-안 티-래-우 크랍

🗨 **เขามาถึงเมืองไทยเดือนที่แล้วครับ**

그는 태국에 지난달에 도착했어요. [과거]

카ò오 짜 마 써-ㅇ 아틷 나- 카

เขาจะมา 2 อาทิตย์หน้าค่ะ 　그는 2주 후에 올 거예요. [미래]

단어

เกิด끄ㅓ-ㄷ 태어나다

วันเกิด완끄ㅓ-ㄷ 생일

ถึง틍 도착하다

สิ้น씬 다하다

ปลาย쁠라ò이 끝, 말단

🍵**표현 TIP**

เมื่อไหร่므-어라ò이와 **เมื่อไร**므-어라ò이는 모두 '언제'라는 뜻이지만, **เมื่อไหร่**므-어라ò이는 회화체, **เมื่อไร**므-어라ò이는 문어체에서 주로 쓰여요.

🍵**표현 TIP**

• **เมื่อวานซืน**
므-아와-ㄴ쓰-ㄴ 그저께

• **เมื่อวานนี้**
므-아와-ㄴ니- 어제

• **วันนี้**완니- 오늘

• **พรุ่งนี้**프룽니- 내일

• **มะรืนนี้**마르-ㄴ니-
모레

182

▶ 다음 |보기|와 같이 연습해 보세요.

Track 16-06

|보기|
02

| 이번 달 말 | → | 씬 드-안 니
สิ้นเดือนนี้ |

① | 다음 주 | → | _____

② | 작년 중순 | → | _____

③ | 올해 연말 | → | _____

④ | 내년 초 | → | _____

맛있는 현지 회화

☀ 유미와 솜밧이 후아힌 기차역에서 대화를 나누고 있어요.

쿤 쏨받 카　　　　　　　　완니- 완 아라r이 카

유미　**คุณสมบัติคะ วันนี้วันอะไรคะ**

완니- 뻰 완싸오 크랍　　　　　　　　탐마이 르ㅓr- 크랍

솜밧　**วันนี้เป็นวันเสาร์ครับ ทำไมเหรอครับ**

아-틷 나- 완앙카-ㄴ 뻰 완끄ㅓ-ㄷ 커-ㅇ 프-안루r-엄응아-ㄴ

유미　**อาทิตย์หน้าวันอังคารเป็นวันเกิดของเพื่อนร่วมงาน**

티- 버-리r싿 카

ที่บริษัทค่ะ

어- 크랍　　　　　　뜨리r-얌 커-ㅇ콴 래-우 르r- 양 크랍

솜밧　**อ่อครับ เตรียมของขวัญแล้วหรือยังครับ**

양 르ㅓ-이 카　　　　　　래-우 완끄ㅓ-ㄷ 쿤 쏨받 므-어라r이 카

유미　**ยังเลยค่ะ แล้ววันเกิดคุณสมบัติเมื่อไหร่คะ**

폼 끄ㅓ-ㄷ 완 티- 이y-씹 써-ㅇ 드-안 뚜ㄹ라-콤 크랍　　　　　　쿤 유-미 라 크랍

솜밧　**ผมเกิดวันที่ 22 เดือนตุลาคมครับ คุณยูมิล่ะครับ**

완 티- 쩯 드-안 까락까다-콤 카

유미　**วันที่ 7 เดือนกรกฎาคมค่ะ**

단어　　　　　　　　　　　　　　　　　　　　◎ Track 16-09

• **วันนี้** 완니- 오늘　• **อะไร** 아라r이 무엇[의문사]　• **วันเสาร์** 완싸오 토요일　• **ทำไม** 탐마이 왜[의문사]

• **อาทิตย์** 아-틷 주　• **หน้า** 나- 다음　• **วันเกิด** 완끄ㅓ-ㄷ 생일　• **ของ** 커-ㅇ ~의　• **เพื่อนร่วมงาน** 프-안루r-엄 응아-ㄴ 직장 동료　• **บริษัท** 버-리r싿 회사　• **เตรียม** 뜨리r-얌 준비하다　• **ของขวัญ** 커-ㅇ콴 선물　• **แล้ว** 래-우 그런데

• **เมื่อไหร่** 므-어라r이 언제[의문사]　• **เดือน** 드-안 월, 달

두근두근, 스토리!

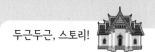

우리말→태국어 말하기 Track 16-10

유미	솜밧 씨, 오늘은 무슨 요일이에요?
솜밧	토요일이오. 왜요?
유미	다음 주 화요일이 회사 동료의 생일이에요.
솜밧	네. 선물은 준비하셨어요?
유미	아직이오. 그런데 솜밧 씨 생일은 언제예요?
솜밧	제 생일은 10월 22일이에요. 유미 씨는요?
유미	저는 7월 7일이에요.

맛있는 회화 TIP

'날(일)'을 나타내는 **วัน**완과 관련된 **ทุกวัน**툭완과 **ทั้งวัน**탕완의 차이를 알아 두세요!

ทุก툭과 **ทั้ง**탕은 수식사로, **ทุก**툭은 '매~', **ทั้ง**탕은 '모든~'이라는 의미를 나타내요.

ทุกวัน툭완 매일	**ทั้งวัน**탕완 하루 종일
카오 안 낭쓰- 툭완 **เขาอ่านหนังสือทุกวัน** 그는 매일 책을 읽는다.	카오 안 낭쓰- 탕완 **เขาอ่านหนังสือทั้งวัน** 그는 하루 종일 책을 읽는다.

DAY 16 오늘은 무슨 요일이에요? **185**

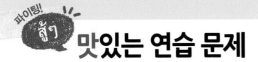

맛있는 연습 문제

실력 쑥쑥!!

1 녹음을 잘 듣고 일치하는 단어를 고르세요.　　　　　　　　　　　⊚ Track 16-11

① | เกิด |
　 | กอด |

② | หนา |
　 | หน้า |

③ | เดิน |
　 | เดือน |

2 다음 질문에 태국어로 대답해 보세요.

① **วันนี้วันอะไรคะ**

→ **วันนี้เป็น_____ครับ**

오늘은 수요일이에요.

② **เขาจะมาวันที่เท่าไรครับ**

→ **เขาจะมา_____ค่ะ**

그는 9월 5일 목요일에 와요.

③ **คุณมาถึงเมืองไทยเมื่อไหร่คะ**

→ **ดิฉันมาถึงเมืองไทย_____ค่ะ**

저는 지난주에 태국에 왔어요.

　　　　　　　　　　　　　　　　　　*힌트
　　　　　　　　　　　　　　　　　• ①②→180쪽 **21** 참고
　　　　　　　　　　　　　　　　　• ③→182쪽 **22** 참고

3 다음 표현을 태국어로 쓰세요.

① 2020년(불력) 3월 15일 일요일

→ _____ **ที่ 15** _____ **พ.ศ.** _____

② 이번 달 말 / 내년 초

　　　　　　　　　　　　　　　　　　*힌트
　　　　　　　　　　　　　　　　　• ①→180쪽 **21** 참고
→ _____ / _____
　　　　　　　　　　　　　　　　　• ②→182쪽 **22** 참고

186

한가롭고 여유로운 해변을 느껴요

후아힌 หัวหิน

'머리'라는 뜻의 **หัว**와 '돌'이라는 뜻의 **หิน**으로 이루어진 후아힌은 '돌머리'라는 뜻이에요.
방콕에서 약 3시간 정도 거리에 위치해 있으며 여느 해안과 달리 한가로워요.

후아힌에는 왕실의 휴양지라는 명성에 걸맞
게 태국 최초의 골프장인 로얄 후아힌 골프장
(**สนามกอล์ฟหลวง**)과 태국에서 가장 오래된
기차역인 후아힌 기차역(**สถานีรถไฟหัวหิน**)이
있어요. 후아힌 기차역은 화려한 전통 양식으로 지어져
기차역을 이용하는 현지인은 물론 관광객들도 즐겨찾
아요.

그 외에도 후아힌의 과거를 엿볼 수 있는 플른완(**เพลินวาน**)
에서 독특한 볼거리와 먹거리를 즐길 수 있고, 그리스 산토리
니 분위기의 야외 쇼핑몰인 산토리니 파크에서 쇼핑도 하고
다양한 놀이 기구도 탈 수 있어요. 또 후아힌 시내와 후아힌
의 드넓은 전경을 한눈에 볼 수 있는 사원인 카오 따끼압 사원
(**วัดเขาตะเกียบ**)에서 활시위 모양의 후아힌 바다와 주변 언
덕에 사는 원숭이도 구경할 수 있어요

추측 표현 말하기

^{폰f 아ㄷ짜 똑 카}
ฝน อาจจะ ตก ค่ะ
비가 내릴 것 같아요.

🥥 **지난 학습** 다시 보기

^{완니- 완 아라ㅣ이 카}
◆ **วันนี้วันอะไรคะ** ⟶ 「วันอะไร완 아라ㅣ이」형식은 요일을 물을 때 쓰고,
오늘은 무슨 요일이에요? 「วันที่เท่าไร완 티-타오라ㅣ이」형식은 날짜를 물을 때 써요.

---

^{완끄ㅓ-ㄷ 쿤 쏨밧 므-어라ㅣ이 카}
◆ **วันเกิดคุณสมบัติเมื่อไหร่คะ** ⟶ 「เมื่อไหร่므-어라ㅣ이」는 '언제'라는
솜밧 씨 생일은 언제예요? 뜻으로 때를 물을 때 써요.

스토리 미리 듣기 ◎ **Track 17-01**

TODAY
스토리
회화

꼬라비 피피 섬에 가려는 솜밧과 유미는 날씨가 궁금해요.
오늘은 날씨가 맑을까요? 흐릴까요?

TODAY
학습
포인트

☆ 추측 표현
☆ 접속사 **ถึงแม้ว่า**^{틍매-와}**...ก็**^{꺼-}

오늘의 여행지는?

끄라비 주는 약 200여 개의 섬을 포함하고 있는 도시예요. 영화 촬영지로 유명한 피피 섬 또한 끄라비 주에 속해 있지요. 끄라비 주 어디에나 펼쳐져 있는 석회암 절벽과 해변의 풍경들은 무척 매력적이에요.

©hamin

Track 17-02

TODAY
핵심 패턴

폰f 아-ㄷ짜 똑 카
23 ฝนอาจจะตกค่ะ
비가 내릴 **것 같아요.**

틍매-와- 폰f 똑 찬 꺼-짜 빠이 카
24 ถึงแม้ว่าฝนตก ฉันก็จะไปค่ะ
비가 올**지라도**, 저는 갈 거예요.

맛있는 핵심 패턴

◎ Track 17-03

23

폰f 앋짜 똑 카

ฝน อาจจะ ตก ค่ะ

비   아마도 ~일 것이다   내리다   어조사

→ 비가 내릴 것 같아요.

✓ 추측 표현

미래의 불확실한 상황이나 추측을 나타낼 때에는 다음 형식을 사용합니다.

주어＋**อาจ(จะ)**앋(짜)＋동사	주어＋**คง(จะ)**콩(짜)＋동사

프룽r니- 히마 앋짜 똑 낙
- 🔊 **พรุ่งนี้หิมะอาจจะตกหนัก**
  내일 눈이 많이 내릴 것 같다. [50% 정도의 추측]

프룽r니- 히마 콩짜 똑 낙
- **พรุ่งนี้หิมะคงจะตกหนัก**
  내일 눈이 많이 내릴 것 같다. [70% 정도의 추측]

프룽r니- 히마 짜 똑 내-너-ㄴ
- **พรุ่งนี้หิมะจะตกแน่นอน**
  내일은 분명 눈이 내릴 것이다. [확신에 찬 추측]

부정은 본동사 앞에 부정화소 **ไม่**마이를 써서 나타냅니다.

프룽r니- 히마 앋짜 마이 똑
- 🔊 **พรุ่งนี้หิมะอาจจะไม่ตก**   내일은 아마 비가 내리지 않을 것이다.

미래를 추측하는 표현은 미래 시간부사와 함께 사용됩니다.

이-ㄱ 써-ㅇ드-안 앋짜 미- 써-ㅂ
- 🔊 **อีก 2 เดือนอาจจะมีสอบ**   두 달 후에 시험이 있을 것 같다.

드-안 나- 카오 콩짜 빠이 끄룽r테-ㅂ
- **เดือนหน้าเขาคงจะไปกรุงเทพฯ**
  다음 달에 그는 방콕에 갈 것 같다.

단어

ฝน폰f 비

ตก똑 (눈이나 비가) 내리다

หิมะ히마 눈(snow)

หนัก낙 무겁다, 묵직하다

แน่นอน내-너-ㄴ 확실하다

อีก이-ㄱ 더, 다시

สอบ써-ㅂ 시험

หน้า나- 다음

🍲 **표현 TIP**

'~후', '~다음'처럼 미래의 시간을 나타낼 때는 각 부사의 위치에 주의하세요.

อีก이-ㄱ＋숫자＋시간부사

(숫자)＋시간부사 ＋**หน้า**나-

▶ 다음 |보기|와 같이 연습해 보세요.

|보기|
01
프룽r니- 아-ㄷ짜· 나-우 카
พรุ่งนี้อาจจะหนาวค่ะ
내일은 추울 것 같아요.

단어

러r-ㄴ
① **ร้อน**

째ㅁ싸이
② **แจ่มใส**

미-메-ㅁ
③ **มีเมฆ**

หนาว나-우 춥다
ร้อน러r-ㄴ 덥다
แจ่มใส째ㅁ싸이
(날씨가) 맑다
มีเมฆ미-메-ㅁ
구름이 끼다

|보기|
02
롣r 콩짜 띧 크r랍
รถคงจะติดครับ
차가 막힐 거예요.

단어

트ㅓ- 마-싸이
① **เธอ / มาสาย**

카오 너-ㄴ유-
② **เขา / นอนอยู่**

프-안 꼴랍 바-ㄴ래-우
③ **เพื่อน / กลับบ้านแล้ว**

รถติด롣r띧
차가 막히다
เธอ트ㅓ- 그녀
สาย싸이 늦다
นอน너-ㄴ 자다
อยู่유- ~하는 중이다
กลับ꼴랍 돌아가다

DAY 17 비가 내릴 것 같아요. **191**

24

틍매-와- 폰f 똑 찬 꺼- 짜 빠이 카
ถึงแม้ว่า ฝน ตก ฉัน ก็ จะ ไป ค่ะ
비록 ~일지라도　비　내리다　나　~할 것이다 가다　어조사

➜ 비가 올지라도, 저는 갈 거예요.

✓ **접속사 ถึงแม้ว่า**틍매-와-**...(แต่**때**)ก็**꺼-

단어

양보 구문 형식인 「**ถึงแม้ว่า**틍매-와-**...(แต่**때**)ก็**꺼-」는 '비록 ~일지라도'라는
뜻으로 다음과 같이 다양하게 사용될 수 있습니다.

ถึง틍 도착하다
ตก똑 (눈이나 비가) 내리다
กระบี่끄라r비-
　끄라비[지명]
รถ롣r 자동차
ติด띧 붙(이)다
ขึ้น큰 타다, 오르다
แท็กซี่택씨- 택시

선행절		후행절	
ถึง틍	주어+จะ짜+동사	**(แต่)**때	주어+ก็꺼+(จะ짜)+동사
ถึงแม้ว่า틍매-와-			
แม้매-			

틍매-와- 프룽r니- 폰f 짜 똑　　　　　　　때- 폼 꺼- 짜 빠이 끄라r비-
📢 **ถึงแม้ว่าพรุ่งนี้ฝนจะตก แต่ผมก็จะไปกระบี่**
비록 내일 비가 오더라도, 저는 끄라비에 갈 거예요.

틍매-와- 롣r 짜 띧　　　　　때- 찬 꺼- 짜 큰 택씨-
ถึงแม้ว่ารถจะติด แต่ฉันก็จะขึ้นแท็กซี่
비록 차가 막혀도, 저는 택시를 탈 거예요.

선행절과 후행절의 위치를 바꾸어 쓸 수 있습니다.

후행절	선행절		
주어+จะ짜+동사	**ถึง**틍	주어+จะ짜+동사	
	ถึงแม้ว่า틍매-와-		
	แม้매-		

⚠ 후행절을 앞에 위치시킬 경우 **แต่**때와 **ก็**꺼는 사용하지 않습니다.

찬 짜 큰 택씨-　　　　틍매-와- 롣r 짜 띧
📢 **ฉันจะขึ้นแท็กซี่ถึงแม้ว่ารถจะติด**
저는 택시를 탈 거예요. 비록 차가 막히더라도요.

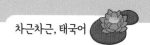

차근차근, 태국어

▶ 다음 |보기|와 같이 연습해 보세요.

Track 17-07

|보기|
03

틍매-와- 짜 응우-엉너-ㄴ 때-꺼- 짜 떵 리r-얀 파-싸-타이

ถึงแม้ว่าจะง่วงนอน แต่ก็จะต้องเรียนภาษาไทย

비록 졸릴지라도 태국어를 공부해야 한다.

임 래-우   낀 이-ㄱ
① อิ่มแล้ว / กินอีก

꼴라이 캐-나이   빠-이 티-여우
② ไกลแค่ไหน / ไปเที่ยว

느-아이   떵 탐 까-ㄴ바-ㄴ
③ เหนื่อย / ต้องทำการบ้าน

리r-얀 파-싸-타이 야y-ㄱ   마이 여y-ㅁ패-
④ เรียนภาษาไทยยาก / ไม่ยอมแพ้

단어

ง่วง응우-엉 졸리다

นอน너-ㄴ 자다

ต้อง떵 ~해야 한다

อิ่ม임 배부르다

อีก이-ㄱ 더

ไกล꼴라이 멀다

แค่ไหน캐-나이 얼만큼

เหนื่อย느-아이 피곤하다

การบ้าน까-ㄴ바-ㄴ 숙제

เรียน리r얀 공부하다

ยาก야y-ㄱ 어렵다

ยอมแพ้여y-ㅁ패-
포기하다

맛있는 현지 회화

회화 듣기 ◉ Track 17-08   직접 따라 말하기 ◉ Track 17-09

☼ 솜밧과 유미가 피피 섬에 가려고 숙소를 나왔어요.

쿤 쏨밷 미- 롬r 마이 카

유미 **คุณสมบัติมีร่มไหมคะ**

마이 미- 크랍   탐마이 르r r- 크랍

솜밧 **ไม่มีครับ ทำไมเหรอครับ**

폰f 아ㄷ 짜 똑 카

유미 **ฝนอาจจะตกค่ะ**

응안 라r오 커이 빠이 끄라r비- 프룽r니- 깐 디- 마이 크랍

솜밧 **งั้นเราค่อยไปกระบี่พรุ่งนี้กันดีไหมครับ**

마이 카   틍매-와- 폰f 똑   찬 꺼 짜 빠이 카

유미 **ไม่ค่ะ ถึงแม้ว่าฝนตก ฉันก็จะไปค่ะ**

야-ㅇ난 폼 짜 러-ㅇ 빠이 하- 롬r 꺼-ㄴ 나 크랍

솜밧 **อย่างนั้นผมจะลองไปหาร่มก่อนนะครับ**

이-ㄱ 싹 크루r- 폰f 꺼 아-ㄷ 짜 윧 똑 래-우 크랍

อีกสักครู่ฝนก็อาจจะหยุดตกแล้วครับ

단어   ◎ Track 17-10

• **ร่ม** 롬r 우산 • **อาจ(จะ)** 아-ㄷ(짜) 아마도 ~일 것이다 • **งั้น** 응안 그럼[회화체] • **ค่อย** 커이 차차, 점점 • **พรุ่งนี้** 프룽r니- 내일 • **ถึงแม้ว่า** 틍매-와- 비록 ~일지라도 • **อย่างนั้น** 야-ㅇ난 그럼[문어체] • **ลอง** 러-ㅇ 시도하다 • **หา** 하- 찾다 • **ก่อน** 꺼-ㄴ 먼저, 우선 • **อีก** 이-ㄱ ~後 • **สัก** 싹 ~만큼, ~정도 • **ครู่** 크루r- 잠시, 잠깐 • **หยุด** 윧 멈추다

유미   솜밧 씨, 우산 있으세요?

솜밧   아니요, 없어요. 왜요?

유미   비가 내릴 것 같아요.

솜밧   그럼, 끄라비는 내일 갈까요?

유미   아니요! 비가 올지라도 저는 갈 거예요.

솜밧   그럼, 우산을 찾아볼게요.
                잠시 후에 비가 그칠 거예요.

맛있는 회화 TIP

태국의 '더운 날씨'를 나타내는 관용어를 알아 두세요!

태국은 1년 내내 무더워 '더위'와 관련된 관용어가 생활에서 많이 쓰여요. 그중에서 **ร้อนตับแตก** 러̀-ㄴ 땁때̀-ㄱ이라는 말이 있어요. 옛날 태국인들이 집을 지을 때 나파야자잎으로 지붕을 만들었는데, 지붕에서 '지지직'과 같은 타는 소리가 들리면, 그날은 날씨가 무덥고 햇볕이 강하게 내리쬐는 날이라고 여겨서 지금까지 사용되고 있어요.

완니-아-까̀-ㄷ 러̀-ㄴ 땁때̀-ㄱ
วันนี้อากาศร้อนตับแตก 오늘 날씨가 (타들어 갈 것처럼) 너무 더워.

맛있는 연습 문제

실력 쑥쑥!!

1 녹음을 잘 듣고 일치하는 단어를 고르세요. 🔘 Track 17-12

① เสือ / เสื้อ

② ลาย / หลาย

③ ยิ้ม / อิ่ม

2 다음 문장을 부정 표현으로 바꾸어 쓰세요.

① พรุ่งนี้จะร้อน → พรุ่งนี้_____

② รถคงจะติด → รถ_____

③ หิมะจะตก → หิมะ_____

*힌트
• ①②③ → 190쪽 **23** 참고

3 다음 문장을 선행절과 후행절을 바꾸어 쓰세요.

① ถึงแม้ว่าพรุ่งนี้ฝนจะตก แต่ผมก็จะไปครับ
→ ผม_____ถึงแม้ว่า_____

② ถึงแม้ว่าจะไกลแค่ไหน แต่ฉันก็จะไปเที่ยว
→ ฉัน_____ถึงแม้ว่า_____

*힌트
• ①② → 192쪽 **24** 참고

196

아름다운 섬들의 도시
끄라비 กระบี่

태국 남부 끄라비 주는 국내에는 아직 많이 알려지지 않았지만,
유럽에서는 특별한 자연 경관과 아름다운 해변, 암벽으로 유명한 여행지예요.

끄라비에서 즐기는 일일투어 중에서 호핑투어가 유명해요.
현지에서는 호핑투어를 아일랜드 투어라고도 해요. 끄라비
여행의 하이라이트라고 할 수 있는 포다 섬(**เกาะโพดา**)
투어를 하면 바닥이 보일 정도로 맑은 바다에서 스노클링
을 하면서 산호나 열대어를 만나고 눈부신 모래사장에서
일광욕도 즐길 수 있지요.

탑 섬은 서로 가깝게 위치한 작은 두 섬이 썰물 때가 되면
바다가 갈라지면서 모랫길이 드러나는 것으로 유명해요.
라일레이 비치(**หาดไร่เลย์**)는 세계적으로 알려진 암벽
등반 장소인데요, 암벽 등반 체험도 하고 바다와 어우러진
멋진 사진도 간직하고 싶다면 꼭 한번 들러 보세요.

DAY 18

희망 표현 말하기

폼ˇ   야ˉ   와ˆ이나ˊㅁ   껭   크랍

ผม อยาก ว่ายน้ำ เก่ง ครับ

저는 수영을 잘하고 싶어요.

지난 학습 다시 보기

ฝ혼f 아ˉㄷ짜 똑 카ˊ

◆ **ฝนอาจจะตกค่ะ**

비가 내릴 것 같아요.

→ 「주어+อาจ(จะ)아ˉㄷ(짜)+동사」는
'아마도 ~일 것이다'라는 뜻으로 추측을 나타내요.

틍매-와- 폰f 똑 찬ˇ 꺼-짜 빠이 카ˊ

◆ **ถึงแม้ว่าฝนตก ฉันก็จะไปค่ะ**

비가 올지라도, 저는 갈 거예요.

→ 접속사 **ถึง**틍, **ถึงแม้ว่า**틍매-와-, **แม้**매-는
모두 '비록 ~일지라도'라는 뜻을 나타내요.

스토리 미리 듣기 ◎ **Track 18-01**

TODAY 스토리 회화

영우와 플러이는 푸껫에서 스쿠버다이빙을 즐겼어요.
두 사람이 어떤 대화를 나누는지 함께 들어 볼까요?

TODAY 학습 포인트

✿ 관계부사 **ที่**티-

✿ '~하고 싶다' 표현

오늘의 여행지는?

빠통 비치는 푸껫에서 가장 번화한 해변이에요. 각종 편의 시설과 저렴한 게스트하우스부터 고급 호텔까지 다양한 숙박 시설이 갖춰져 있어요.

Post Card

© nkjiny

TODAY

핵심 패턴

25

커-ㅂ쿤 티- 촘 나카

ขอบคุณที่ชมนะคะ

칭찬해 주셔서 고마워요.

26

폼 야-ㄱ 와-이나-ㅁ 껭 크랍

ผมอยากว่ายน้ำเก่งครับ

저는 수영을 잘하고 싶어요.

맛있는 핵심 패턴

Track 18-03

25

커-ㅂ쿤   티-   촘   나카

ขอบคุณ ที่ ชม นะคะ

고맙다   ~(해)서 칭찬하다   어조사

→ 칭찬해 주셔서 고마워요.

✓ **관계부사 ที่**티-

ที่티-는 원인이나 이유를 나타내는 관계부사로도 쓰입니다.

커-ㅂ쿤 티-마 테-ㄷ싸까-ㄴ 러-이끄라통

🔊 **ขอบคุณที่มาเทศกาลลอยกระทง**
러이끄라통 축제에 와주셔서 감사합니다.

커-토-ㄷ 티-푸-ㄷ 핃카

ขอโทษที่พูดผิดค่ะ   말 실수를 해서 죄송합니다.

인y디- 티-다이폽 쿤 크랍

ยินดีที่ได้พบคุณครับ   만나 뵙게 되어서 반갑습니다.

✓ **ที่**티-**의 기타 용법**

ที่티-는 일상 회화에서는 다음과 같이 다양한 용법으로 많이 쓰입니다.

장소전치사		~에(서)	**อยู่ที่สนามบิน**유-티-싸나-ㅁ빈 공항에 있다
관계대명사		~인(한) ~	**หนังที่สนุก**낭티-싸눅 재미있는 영화
명사	장소, 곳		**ที่ทำงาน**티-탐응아-ㄴ 회사(일하는 곳)[회화체]
	토지		**แผนที่ไทย**패-ㄴ티-타이 태국 지도
수식사(서수)		제~, ~째	**คนที่สาม**콘티-싸-ㅁ 세 번째 사람

단어

ชม촘 칭찬하다

เทศกาล테-ㄷ싸까-ㄴ
축제

พูด푸-ㄷ 말하다

ผิด핃 실수하다

ยินดี인y디- 기쁘다

พบ폽 만나다[문어체]

สนามบิน싸나-ㅁ빈
공항

แผนที่패-ㄴ티- 지도

🛕 **문화TIP**

© banmaha

태국의 대표 명절 중 하나인 **ลอยกระทง**러-이끄라통(러이끄라통) 축제는 매년 음력 10월 보름(11월경)에 열려요. 바나나 나뭇잎으로 만든 배 모양의 바구니에 향초와 꽃, 동전 등을 실어 강물 위에 띄워 보내며 한 해를 돌아보고 소원을 빌지요.

▶ 다음 |보기|와 같이 연습해 보세요.

◎ Track 18-04

|보기|
01

커-ㅂ쿤　　티-　추-워이　폼　크랍
ขอบคุณที่ช่วยผมครับ
저를 도와주셔서 감사합니다.

단어

ช่วย추-워이 돕다, 도와주다
เยี่ยม이y-얌y 방문하다
ให้하이 주다
ทราบ싸-ㅂ 알다[경어체]

마- 이y-얌y 라r오
① มาเยี่ยมเรา

하이 커-ㅇ콴
② ให้ของขวัญ

하이 싸-ㅂ
③ ให้ทราบ

◎ Track 18-05

|보기|
02

커-토-ㄷ　티-　마-　싸-이　카
ขอโทษที่มาสายค่ะ
늦게 와서 죄송합니다.

단어

รบกวน롭r꾸-원
괴롭히다
ตอบ떠-ㅂ 대답하다
ช้า차- 느리다
จาน짜-ㄴ 접시
แตก때-ㄱ 깨지다

롭r꾸-원
① รบกวน

떠-ㅂ차-
② ตอบช้า

탐 짜-ㄴ 때-ㄱ
③ ทำจานแตก

26

폼	야ˆ-ㄱ	와-이나ˆ-ㅁ	껭	크랍

ผม อยาก ว่ายน้ำ เก่ง ครับ

| 나 | ~하고 싶다 | 수영 | 잘(하다) | 어조사 |

→ 저는 수영을 잘하고 싶어요.

✓ '~하고 싶다' 표현 อยาก(จะ)야ˆ-(짜)

'~하고 싶다'는 희망이나 요구를 나타내는 조동사로는 **อยาก**야ˆ과 **ต้องการ**떵까-ㄴ이 있는데, **ต้องการ**떵까-ㄴ은 주로 문어체에 쓰입니다. 주어와 동사 사이에 위치하며, 문장 끝에 의문사를 쓰면 의문문이 됩니다.

주어	อยาก(จะ)야ˆ-(짜)+동사	~하고 싶다
	อยากได้야ˆ-ㄱ다이+명사	~을 가지고 싶다
	ต้องการ떵까-ㄴ+동사/명사	~을 원하다, ~하고 싶다

단어

ว่ายน้ำ와-이나ˆ-ㅁ
수영하다

เก่ง껭 잘(하다)

จังหวัด짱왇
태국 지방 행정 단위

ไหน나이 어느

ซื้อ쓰- 사다

เล่ม렘 권, 부[수량사]

จัง짱 어조사[강조, 회화체]

예 A 쿤 야ˆ-ㄱ짜 빠이 티-여우 짱왇 나이
คุณอยากจะไปเที่ยวจังหวัดไหน
당신은 어느 주(도시)로 여행 가고 싶으세요?

폼 떵까-ㄴ 빠이 티-여우 짱왇 푸-껱
B **ผมต้องการไปเที่ยวจังหวัดภูเก็ต**
저는 푸껫 주로 여행 가고 싶어요.

카오 야ˆ-ㄱ 짜 쓰- 아라이
A **เขาอยากจะซื้ออะไร** 그는 무엇을 사고 싶어해?

카오 야ˆ-ㄱ 다이 낭쓰- 파-싸-타이 렘 니- 짱
B **เขาอยากได้หนังสือภาษาไทยเล่มนี้จัง**
그는 이 태국어 책을 너무 갖고 싶어해.

조동사 앞에 부정화소 **ไม่**마이를 쓰면 부정문이 됩니다.

주어	ไม่อยาก(จะ)마이야ˆ-ㄱ(짜)+동사	~하고 싶지 않다
	ไม่อยากได้마이야ˆ-ㄱ다이+명사	~을 가지고 싶지 않다
	ไม่ต้อง마이떵+동사	~이(할) 필요 없다

🛕 문화 TIP

태국은 총 77개의 **จังหวัด**짱왇이 있는데, 그 중 방콕은 별도의 자치구로 편제되어 있어요. 태국과 우리나라의 행정 구역은 다음과 같이 비교할 수 있어요.

จังหวัด짱왇 도
▼
อำเภอ암프ㅓ- 시 군 구
▼
ตำบล땀본 동
▼
หมู่บ้าน무-바ˆ-ㄴ 읍, 면

202

▶ 다음 |보기|와 같이 연습해 보세요.

🔘 **Track 18-07**

|보기|
03

야Ꞌㄱ 푸^ㄷ 파-싸-타이 껭ꞌ 크랍

อยากพูดภาษาไทยเก่งครับ

태국어를 잘하고 싶어요.

짜 뻰 콘 디-

① **จะเป็นคนดี**

콥 깝 프^안 콘 타이

② **คบกับเพื่อนคนไทย**

다^이랍r 커-ㅇ콴

③ **ได้รับของขวัญ**

짜 차이 와이퐈fㅇㅣ

④ **จะใช้ไวไฟ**

단어

พูด 푸^ㄷ 말하다

เป็น 뻰 ~이다, ~이 되다

คบ 콥 사귀다

กับ 깝 ~와(과)[전치사]

เพื่อน 프^안 친구

ได้รับ 다^이랍r 받다

ของขวัญ 커-ㅇ콴 선물

ไวไฟ 와이퐈fㅇㅣ 와이파이(wifi)

맛있는 현지 회화

회화 듣기 ◎ **Track 18-08**   직접 따라 말하기 ◎ **Track 18-09**

☀ 영우와 플러이가 푸껫에서 스쿠버다이빙을 즐겼어요.

영우
와-우 | 쿤 플러-이 와-이나-ㅁ 껭 짱 르ㅓ-이 크랍
ว้าว คุณพลอยว่ายน้ำเก่งจังเลยครับ

플러이
커-ㅂ쿤 티- 촘 나카
ขอบคุณที่ชมนะคะ

찡찡 래-우 | 바-ㄴ꼬ㅓ-ㄷ 플러-이 유- 티- 빠-떠-ㅇ | 짱왇 푸-껫 카
จริง ๆ แล้ว บ้านเกิดพลอยอยู่ที่ป่าตอง จังหวัดภูเก็ตค่ะ

영우
폼 야-ㄱ 와-이나-ㅁ 껭 므-안 쿤 플러-이 짱 르ㅓ-이 크랍
ผมอยากว่ายน้ำเก่งเหมือนคุณพลอยจังเลยครับ

플러이
쿤 여-ㅇ우- | 푸-ㄷ 파-싸-타이 껭 마-ㄱ 르ㅓ-이 카
คุณยองอู พูดภาษาไทยเก่งมากเลยค่ะ

영우
때-와- 폼 꺼- 야-ㄱ 껭 꽈- 니- 이-ㄱ 나크랍
แต่ว่าผมก็อยากเก่งกว่านี้อีกนะครับ

플러이
마이 나카 | 떠-ㄴ니- 꺼- 껭 마-ㄱ 래-우 카
ไม่นะคะ ตอนนี้ก็เก่งมากแล้วค่ะ

단어
◎ **Track 18-10**

• **ว้าว** 와-우 놀람의 감탄사 • **เก่ง** 껭 잘(하다) • **เลย** 르ㅓ-이 어조사[강조] • **ชม** 촘 칭찬하다 • **จริง ๆ แล้ว** 찡찡 래-우
사실은 • **บ้านเกิด** 바-ㄴ꺼ㅓ-ㄷ 고향 • **ภูเก็ต** 푸-껫 푸껫[지명] • **อยาก** 야-ㄱ ~하고 싶다 • **เหมือน** 므-안 ~처럼,
~같이 • **พูด** 푸-ㄷ 말하다 • **แต่ว่า** 때-와- 그런데 • **กว่า** 꽈- ~보다[비교급] • **ตอนนี้** 떠-ㄴ니- 지금 • **ก็** 꺼- ~도, 또한

영우   와! 플러이 씨, 수영을 정말 잘하세요.

플러이   칭찬해 주셔서 고마워요.
          사실 제 고향이 푸껫 빠통이에요.

영우   저도 플러이 씨처럼 수영을 잘하고 싶어요.

플러이   영우 씨는 태국어를 정말 잘하세요.

영우   그런데 더 잘하고 싶어요.

플러이   아니에요, 지금도 정말 잘하세요.

맛있는 회화 TIP

태국어로 칭찬 표현은 이렇게!

태국에서는 '잘한다'라는 일반적인 칭찬 표현으로 **เก่งมาก** 껭 마̂-ㄱ을 제일 많이 쓰지만, 젊은 층에서는
'최고' 또는 '대박'이라는 뜻의 **สุดยอด** 쑫여y-ㄷ을 즐겨 씁니다.

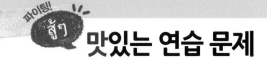

실력 쑥쑥!!

맛있는 연습 문제

1 녹음을 잘 듣고 일치하는 단어를 고르세요.   ◎ Track 18-12

①
แฟน

แผน

②
หนัง

นั่ง

③
ใน

ไหน

2 〈보기〉에서 알맞은 단어를 찾아 문장을 완성하세요.

보기   อยากซื้อ   อยู่ที่   แผนที่

① เขา＿＿＿＿＿บริษัท

그는 회사에 있다.

② ＿＿＿＿＿เกาหลี

한국 지도

③ ＿＿＿＿＿รองเท้า

신발을 사고 싶다.

*힌트
• ①②→200쪽 **25** 참고
• ③→202쪽 **26** 참고

3 다음 문장을 태국어로 쓰세요.

① 만나게 되어 반갑습니다.   → ＿＿＿＿＿＿＿＿＿＿＿＿＿＿

② 미국으로 여행을 가고 싶다.   → ＿＿＿＿＿＿＿＿＿＿＿＿＿＿

③ 무엇을 사고 싶으세요?   → ＿＿＿＿＿＿＿＿＿＿＿＿＿＿

*힌트
• ①→200쪽 **25** 참고
• ②③→202쪽 **26** 참고

푸껫의 대표 해변

빠통 비치 หาดป่าตอง

푸껫 공항에서 차량으로 40분 거리에 위치한 빠통 비치는 푸껫에서 가장 큰 해변이에요. 빠통 비치에서는 다양한 해양 스포츠를 언제나 즐길 수 있고, 푸껫의 다른 관광지에 비해 비교적 저렴한 숙박 시설이 밀집되어 있어 배낭 여행자들이 즐겨 찾아요.

빠통 비치에서 남쪽으로 약 500m 정도 거리에 위치한 까따 비치에는 공룡과 쥐라기 파크를 콘셉트로 한 다이노 파크(Dino Park)가 있고, 또 해변이 둥글고 넓어 수영하기에 좋아서 가족 여행객들에게 인기가 많아요.

© phuket-greengarden

© thaihub

© painaidii

2018년 2월 1일부터 태국 정부에서는 바다 오염을 막기 위해 빠통 비치를 비롯해 해외 관광객들이 많이 찾는 해변에 금연 조치를 내렸어요. 해변을 관광할 때는 주의하세요.

DAY 19 취미 말하기

처̂-ㅂ 까̄-ㄴ 텅̂티̂-여우 크́랍

ชอบ การ ท่องเที่ยว ครับ

여행을 좋아해요.

지난 학습 다시 보기

커̀-ㅂ쿤 티̂- 촘 나́카́

- **ขอบคุณที่ชมนะคะ**
  칭찬해 주셔서 고마워요.

  「ขอบคุณที่ 커̀-ㅂ쿤 티̂-+동사」는 '~해서 감사하다'라는 뜻이에요.

폼̌ 야̀-ㄱ 와̂-이나́-ㅁ 껭̀ 크́랍

- **ผมอยากว่ายน้ำเก่งครับ**
  저는 수영을 잘하고 싶어요.

  「주어+อยาก(จะ) 야̀-ㄱ (짜̀)+동사」는 '~하고 싶다'라는 뜻으로 희망이나 바람을 나타내요.

TODAY 스토리 회화

스토리 미리 듣기 Track 19-01

영우와 플러이가 꼬창에서 코끼리 트래킹을 즐기며 서로의 취미를 물어봐요.
두 사람은 어떤 취미를 가지고 있는지 함께 들어 볼까요?

TODAY 학습 포인트

- '~을 좋아해요' 표현
- 다양한 소개 표현

오늘의 여행지는?

뜨랏 주에 있는 꼬창(코끼리 섬)은
우리나라에는 아직 잘 알려지지 않은
관광지예요. 그래서 보다 여유롭고
고즈넉하게 휴양을 즐길 수 있어요.

Post Card

© kohchang7

핵심 패턴

27
쩝   깐   텅티여우   크랍
ชอบการท่องเที่ยวครับ
여행을 **좋아해요**.

28
짜   내남   아한   까오ㄹ리-하이   나크랍
จะแนะนำอาหารเกาหลีให้นะครับ
한국 요리를 **소개해 드릴게요**.

한 걸음씩 ทีละก้าว

맛있는 핵심 패턴

동영상 강의

Track 19-03

27

처-ㅂ 까-ㄴ 텅티-여우 크랍

ชอบ การ ท่องเที่ยว ครับ

좋아하다 명사화소 여행하다 어조사

→ 여행을 좋아해요.

✓ '~을 좋아해요' 표현 ชอบ처-ㅂ

ชอบ처-ㅂ은 '~을 좋아하다'라는 뜻으로 취향이나 취미를 나타냅니다.

주어+ชอบ처-ㅂ+명사	~을 좋아하다[사람, 사물, 장소 등]
주어+ชอบ처-ㅂ+동사	~하는 것을 좋아하다

찬 처-ㅂ 아-ㄴ 낭쓰- 카

예 **ฉันชอบอ่านหนังสือค่ะ** 저는 책 읽는 것을 좋아합니다.

쿤 처-ㅂ 아-하-ㄴ 까오ㄹ리- 아라r이 크랍

คุณชอบอาหารเกาหลีอะไรครับ

당신은 어떤 한국 음식을 좋아합니까?

폼 처-ㅂ 렌 풑f버-ㄴ 크랍

ผมชอบเล่นฟุตบอลครับ 저는 축구하는 것을 좋아합니다.

단어

ชอบ처-ㅂ 좋아하다

ท่องเที่ยว텅티-여우 여행(관광)하다

ฟุตบอล풑f버-ㄴ 축구

งานอดิเรก응아-ㄴ아디레-ㄱ 취미

คือ크- ~이다

เล่น렌 놀다, (운동)하다, (악기를) 연주하다

เปียโน삐-야노- 피아노

취미를 표현할 때에는 **ชอบ**처-ㅂ 외에도 아래와 같이 '취미'라는 뜻의 명사 **งานอดิเรก**응아-ㄴ아디레-ㄱ을 사용할 수 있습니다.

งานอดิเรก응아-ㄴ아디레-ㄱ+(**ของ**커-ㅇ)+주어+**คือ**크-+취미

※소유격 전치사로 쓰인 **ของ**커-ㅇ은 생략이 가능합니다.

응아-ㄴ아디레-ㄱ 커-ㅇ 쿤 크- 아라r이 크랍

예 **งานอดิเรกของคุณคืออะไรครับ** 당신의 취미는 무엇입니까?

응아-ㄴ아디레-ㄱ 커-ㅇ 찬 크- 렌 삐-야노- 카

งานอดิเรกของฉันคือเล่นเปียโนค่ะ

제 취미는 피아노 연주입니다.

표현 TIP

การ까-ㄴ과 **ความ**쾀-ㅁ 모두 접두사로 활용될 경우, 동사나 형용사를 명사로 만드는 역할을 해요. **การ**까-ㄴ은 주로 행동 관련, **ความ**쾀-ㅁ은 주로 감정과 관련된 동사나 형용사와 함께 쓰여요.

การอ่าน까-ㄴ아-ㄴ 읽기

ความรัก쾀-ㅁ락r 사랑

▶ 다음 |보기|와 같이 연습해 보세요.

|보기|
01

썹 아-한 타ㄹ레- 크랍
ชอบอาหารทะเลครับ

해산물을 좋아해요.

단어

① 쓰-컹
ซื้อของ

② 두-낭
ดูหนัง

③ 퐝f 플레-ᆼ
ฟังเพลง

อาหาร아-한 음식
ทะเล타ㄹ레- 바다
ซื้อ쓰- 사다
ฟัง퐝f 듣다
เพลง플레-ᆼ 노래

|보기|
02

마이처-ᆸ 렌 께-ᆷ 므-트- 카
ไม่ชอบเล่นเกมส์มือถือค่ะ

휴대폰 게임을 좋아하지 않아요.

단어

① 팍치-
ผักชี

② 삐-ᆫ카오
ปีนเขา

③ 폰라마-이
ผลไม้

เล่น렌 놀다
เกมส์께-ᆷ 게임
ผักชี팍치- 고수[식물]
ปีนเขา삐-ᆫ카오
등산하다
ผลไม้폰라마-이 과일

28

짜 내남 아-하-ㄴ 까오ㄹ리- 하이 나크랍

จะ แนะนำ อาหาร เกาหลี ให้ นะครับ

~할 것이다　소개하다　　음식　　한국　~해주다　어조사

➜ 한국 요리를 소개해 드릴게요.

✓ 다양한 소개 표현

단어

แนะนำ내남 소개하다

เมนู메-누- 메뉴

รู้จัก루r-짝 알다

ครอบครัว
크라r-ㅂ-크루r-워 가족

ตัวเอง뚜-워에-ㅇ
(자기) 자신

① 상대방에게 음식이나 맛집 등을 소개할 때

> (주어) + **จะแนะนำ**짜 내남 + 목적어 + **ให้**하이

품 짜 내남 메-누- 아-하-ㄴ 타이 하이 나크랍

💬 **ผมจะแนะนำเมนูอาหารไทยให้นะครับ**

태국 음식 메뉴를 소개해 드릴게요.

② 친구나 가족, 관광지 등 기타 정보를 복수의 청자에게 소개할 때

> (주어) + **จะแนะนำ**짜 내남 + 목적어 + **ให้**하이 + (청자) + **รู้จัก**루r-짝

디찬 짜 내남 크라r-ㅂ크루r-워 하이 (쿤) 루r-짝 나카

💬 **ดิฉันจะแนะนำครอบครัวให้(คุณ)รู้จักนะคะ**

가족을 (당신께) 소개시켜 드릴게요.

✓ 추천 부탁 표현

'~좀 추천해 주세요' 표현은 「**ช่วยแนะนำ**추-워이 내남 + 목적어 + **ให้หน่อย**
하이 너이」 형식을 사용하고, '~해 주실 수 있나요?'라는 좀 더 정중한 표현은 문
장 끝에 **ได้ไหม**다이마이에 써서 나타냅니다.

추-워이 내남 메-누- 아-하-ㄴ 타이 하이 너이 크랍

💬 **ช่วยแนะนำเมนูอาหารไทยให้หน่อยครับ**

태국 음식 메뉴 좀 추천해 주세요.

추-워이 내남 뚜-워 에-ㅇ 하이 너이 다이마이 카

ช่วยแนะนำตัวเองให้หน่อยได้ไหมคะ

자기 소개를 해주실 수 있으세요?(자기 소개 부탁드립니다.)

표현 TIP

ให้하이는 다양한 의미
가 있어요.

① 동사 : 주다
ให้ของขวัญ
하이 커-ㅇ콴 선물을 주다

② 전치사 : ~에게
ให้พ่อแม่하이 퍼-매-
부모님께

③ 수식사(형용사) 앞에
쓰여 부사구를 만듦
ให้สนุก하이 싸눅
재미있게

212

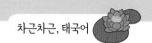

▶ 다음 |보기|와 같이 연습해 보세요.

◉ Track 19-07

|보기|
03

짜　내남　　라r-ㄴ 델　하이 나카
จะแนะนำร้านเด็ดให้นะคะ

맛집을 소개해 드릴게요.

단어

크러r-ㅂ크루r-워 커-ㅇ폼
① **ครอบครัวของผม**

프-안 싸닡
② **เพื่อนสนิท**

싸타r-ㄴ티- 티- 다이랍r 콰-ㅁ니욤
③ **สถานที่ที่ได้รับความนิยม**

ร้าน 라r-ㄴ 상점, 가게
เด็ด 델 탁월하다
เพื่อน 프-안 친구
สนิท 싸닡 친하다
สถานที่ 싸타r-ㄴ티- 장소
ได้รับ 다이랍r 받다
ความนิยม 콰-ㅁ니욤 인기

◉ Track 19-08

|보기|
04

추-워이　　내남　　싸타r-ㄴ티-　텅티-여우　하이　너이　크랍
ช่วยแนะนำสถานที่ท่องเที่ยวให้หน่อยครับ

관광지 좀 추천(소개)해 주세요.

단어

프-안 콘 타이
① **เพื่อนคนไทย**

로r-ㅇ래r-ㅁ 태-우 싸야-ㅁ
② **โรงแรมแถวสยาม**

라r-ㄴ아-하-ㄴ 타이
③ **ร้านอาหารไทย**

ท่องเที่ยว
텅티-여우 여행(관광)하다

โรงแรม 로r-ㅇ래r-ㅁ
호텔

แถว 태-우 주위, 주변

สยาม 싸야-ㅁ
시암(Siam)

ร้านอาหาร
라r-ㄴ아-하-ㄴ 음식점, 식당

맛있는 현지 회화

☀ 영우와 플러이가 코끼리 트래킹을 즐기며 대화를 나누고 있어요.

응아-ㄴ아디레-ㄱ 커-ㅇ 쿤 여-ㅇ우-ㅋ 아라r이 카

플러이 งานอดิเรกของคุณยองอูคืออะไรคะ

처-ㅂ 까-ㄴ 텅티-여우 크랍   래-우 쿤 플러-이 라 크랍

영우 ชอบการท่องเที่ยวครับ แล้วคุณพลอยล่ะครับ

응아-ㄴ아디레-ㄱ 커-ㅇ 찬 크-까-ㄴ 탐 아-하-ㄴ 카

플러이 งานอดิเรกของฉันคือการทำอาหารค่ะ

와-때-와- 마- 티-여우 크랑 니-뻰 아-ㅇ아r이 바-ㅇ 카

ว่าแต่ว่ามาเที่ยวครั้งนี้เป็นอย่างไรบ้างคะ

뻰 프라r 쿤 플러-이 트랍r 니- 르ㅓ-이 싸눅 막마-ㄱ 크랍

영우 เป็นเพราะคุณพลอยทริปนี้เลยสนุกมาก ๆ ครับ

타- 디찬 빠이 쁘라r테-ㄷ 까오ㄹ리- 므-어라r이

플러이 ถ้าดิฉันไปประเทศเกาหลีเมื่อไร

와이 빠이 티-여우 두-워이 깐 나카

ไว้ไปเที่ยวด้วยกันนะคะ

디- 르ㅓ-이 크랍   폼 짜 내남 아-하-ㄴ 까오ㄹ리- 하이 나크랍

영우 ดีเลยครับ ผมจะแนะนำอาหารเกาหลีให้นะครับ

단어   ◎ Track 19-11

•**งานอดิเรก**응아-ㄴ아디레-ㄱ 취미 •**ชอบ**처-ㅂ 좋아하다 •**การ**까-ㄴ 명사화소[접두사] •**ท่องเที่ยว**텅티-여우 여행(관광)하다 •**ว่าแต่ว่า**와-때-와- 그런데[회화체] •**ครั้งนี้**크랑 니- 이번 •**บ้าง**바-ㅇ 일부, 약간 •**เป็นเพราะ**뻰프라r ~때문에, 말미암아 •**ทริป**트랍r 여행(trip) •**เลย**르ㅓ-이 그러므로 •**สนุก**싸눅 즐겁다 •**ถ้า**타- 만약 ~라면 •**ไว้**와이 (가까운 시일에) ~하다 •**แนะนำ**내남 소개(추천)하다

플러이　　영우 씨는 취미가 뭐예요?

영우　　여행을 좋아해요. 플러이 씨는요?

플러이　　제 취미는 요리예요.
　　　　그런데, 이번 태국 여행은 어땠어요?

영우　　플러이 씨 덕분에 이번 여행은 정말 즐거웠어요.

플러이　　언제 제가 한국에 가면 우리 같이 여행해요.

영우　　좋아요! 제가 한국 요리를 소개해 드릴게요.

맛있는 회화 TIP

'~은 어때요?' 표현은 이렇게!

'여행은 어땠나요?' 또는 '사업은 어때요?'처럼 상대방에게 소감이나 상황을 물을 때에는 「주어+**เป็น อย่างไรบ้าง**뻰 야`-o라ㅡ이 바^-o」 형식을 사용해요. 이 형식은 안부를 물을 때에도 사용할 수 있어요.

추-웡니- 투라낏 뻰 야`-o라ㅡ이 바^-o 크랍(카)
🔊 **ช่วงนี้ธุรกิจเป็นอย่างไรบ้างครับ(คะ)** 요즘 사업은 (좀) 어떠세요?

쿤 포^- 쿤 매^- 뻰 야`-o라ㅡ이 바^-o 크랍(카)
คุณพ่อคุณแม่เป็นอย่างไรบ้างครับ(คะ) 부모님은 (좀) 어떠세요?

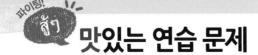

맛있는 연습 문제

1 녹음을 잘 듣고 일치하는 단어를 고르세요.

Track 19-13

①
ทะเลาะ
ทะเล

②
สื่อ
ซื้อ

③
ร้าน
ล้าน

2 다음 단어와 뜻을 알맞게 연결하세요.

① **ดูหนัง** ·

② **ถ่ายรูป** ·

③ **ฟังเพลง** ·

④ **ฟุตบอล** ·

⑤ **ปีนเขา** ·

· ⓐ 영화를 보다

· ⓑ 축구를 하다

· ⓒ 사진을 찍다

· ⓓ 등산하다

· ⓔ 노래를 듣다

3 다음 문장을 태국어로 쓰세요.

① 책 읽는 것을 좋아합니다.

→ _____

② 메뉴 좀 추천해 주세요.

→ _____

*힌트

• ① → 210쪽 **27** 참고
• ② → 212쪽 **28** 참고

남부 해변과는 다른 특별함

꼬창 เกาะช้าง

꼬창은 태국에서 두 번째로 큰 섬으로, 동쪽으로 캄보디아와 접해 있는 뜨랏 주에 속해 있어요. 꼬창은 '섬'이라는 뜻의 **เกาะ**와 '코끼리'라는 뜻의 **ช้าง**이 합쳐진 말로, 코끼리 섬으로 불리지만, 실제로 코끼리가 거리를 활보하지는 않고요, 코끼리 트래킹을 하면 만날 수 있어요.

© kohchang7

꼬창은 크고 작은 50여 개의 섬들이 국립공원으로 지정되어 있어, 여행할 때 호핑투어(아일랜드 투어)를 목적으로 찾는다면 보다 많은 볼거리를 즐길 수 있어요. 꼬창 남쪽에 있는 전형적인 어촌인 방바오(**บางเบ้า**) 마을에서 주변 섬으로 이동할 수 있어요.

© kohchang7

© kohchang7

© thailandscanme

© pantip

꿋 섬(**เกาะกูด**)은 태국 전체에서 네 번째로 큰 섬으로, 꼬창 인근 섬 중 꼬창 다음으로 커요. 맑고 청정하며 바닥이 훤히 들여다 보이는 바다가 갖가지 색을 드러내며 섬을 둘러싸고 있어 무척 아름다워요. 고운 모래 해변에서 바다 수영과 스노클링, 카약 등 액티비티도 즐길 수 있어요.

넷째 주 다시 보기 `DAY 16-19`

`이번 주 핵심 패턴` -

`DAY 16`

Pattern 21 | 날짜 표현

환니- 완 아라r이 카

วันนี้วันอะไรคะ

오늘은 무슨 요일이에요?

  ㄴ 「วันอะไร완 아라r이」 형식은 요일을 물을 때 쓰고, 「วันที่เท่าไร완티- 타오라r이」 형식은 날짜를 물을 때

    써요.

  ㄴ 날짜는 「วัน완 일 – เดือน드-안 월 – ปีʙ삐- 년」 순으로 표기해요.

Pattern 22 | 때를 묻는 표현

완끄ㅓ-ㄷ 쿤 쏨받 므-어라r이 카

วันเกิดคุณสมบัติเมื่อไหร่คะ

솜밧 씨 생일은 언제예요?

  ㄴ 「เมื่อไหร่므-어라r이」는 '언제'라는 뜻으로 때를 물을 때 써요.

`DAY 17`

Pattern 23 | 추측 표현

폰f 아-ㄷ짜 똑 카

ฝนอาจจะตกค่ะ

비가 내릴 것 같아요.

  ㄴ 「주어+อาจ(จะ)아-ㄷ(짜)+동사」는 '아마도 ~일 것이다'라는 뜻으로 추측을 나타내요.

Pattern 24 | '비록 ~일지라도' 표현

틍매-와- 폰f 똑 찬 꺼-짜빠이 카

ถึงแม้ว่าฝนตก ฉันก็จะไปค่ะ

비가 올지라도, 저는 갈 거예요.

  ㄴ 접속사 ถึง틍, ถึงแม้ว่า틍매-와-, แม้매-는 모두 '비록 ~일지라도'라는 뜻을 나타내요.

218

สู้ๆ

1 다음 문장을 태국어로 쓰세요.

① 2020년 4월 20일 월요일

▷ _____ ที่ 20 _____ พ.ศ.2563

② 내일은 아마도 더울 것 같다.[50% 정도의 추측]

▷ **พรุ่งนี้**_____**ร้อน**

2 다음 중 빈칸에 들어갈 알맞은 표현을 고르세요.

> ( )**เสื้อแพงมาก ฉันก็จะซื้อ**
>
> 비록 옷이 너무 비싸더라도, 저는 살 거예요.

*힌트
เสื้อ^{쓰-아} 옷[상의]
ซื้อ^{쓰-} 사다

① **เมื่อไหร่** ② **ถึงแม้ว่า** ③ **ถ้าหาก** ④ **อาจจะ**

3 다음 단어를 배열하여 우리말에 알맞은 문장을 만드세요.

① 제 생일은 3월 28일이에요.

คือ	เดือนมีนาคม	ของฉัน	วันเกิด	วันที่28

▷ _____ **ครับ(ค่ะ)**

② 택시는 언제 와요?

แท็กซี่	มา	จะ	เมื่อไหร่

▷ _____ **ครับ(คะ)**

DAY 18

Pattern 25 감사 표현

커-ㅂ쿤 티- 촘 나카

ขอบคุณที่ชมนะคะ

칭찬해 주셔서 고마워요.

∟ 「ขอบคุณที่커-ㅂ쿤티+동사」는 '~해서 감사하다'라는 뜻이에요.

Pattern 26 '~하고 싶어요' 표현

폼 야-ㄱ 와-이나-ㅁ 껭 크랍

ผมอยากว่ายน้ำเก่งครับ

저는 수영을 잘하고 싶어요.

∟ 「주어+อยาก(จะ)야-ㄱ(짜)+동사」는 '~하고 싶다'라는 뜻으로 희망이나 바람을 나타내요.

DAY 19

Pattern 27 '~을 좋아해요' 표현

처-ㅂ 까-ㄴ 텅티-여우 크랍

ชอบการท่องเที่ยวครับ

여행을 좋아해요.

∟ '~을 좋아하다'라는 표현은 동사 ชอบ처-ㅂ을 사용해요.

Pattern 28 소개 표현

짜 내남 아-하-ㄴ 까오ㄹ리- 하이 나크랍

จะแนะนำอาหารเกาหลีให้นะครับ

한국 요리를 소개해 드릴게요.

∟ 소개를 할 때에는 「(주어)+จะแนะนำ짜 내남+목적어+ให้하이」 형식을 사용해요.

실력 다지기 2

1 다음 문장을 태국어로 쓰세요.

① 저는 태국어를 잘하고 싶어요.

▷ _____ พูดภาษาไทยเก่งครับ(ค่ะ)

*힌트

พูด ^{푸-ㄷ} 말하다

② 저를 도와주셔서 감사합니다.

▷ _____ ช่วยฉันครับ(ค่ะ)

2 다음 중 빈칸에 들어갈 알맞은 표현끼리 짝지어 진 것을 고르세요.

> อยู่(   )กรุงเทพ / หนัง(   )กลัว
> 방콕에 있다   무서운 영화

① อยาก-ชอบ ② ที่-ชอบ ③ ให้-อยาก ④ ที่-ที่

3 다음 단어를 배열하여 우리말에 알맞은 문장을 만드세요.

① 태국인들은 축구 보는 것을 좋아해요.

> ดู   คนไทย   ฟุตบอล   ชอบ

*힌트

ฟุตบอล ^{풋버-ㄴ} 축구

▷ _____ ครับ(ค่ะ)

② 맛있는 음식 좀 추천해 주세요.

> อาหารอร่อย ให้หน่อย   ช่วย   แนะนำ

▷ _____ ครับ(ค่ะ)

✦ 우리만 알고 있는 여행 이야기

태국 휴양지 ✈

태국 휴양지 여행의
매력은 바로 이것!

1. 동부에도 아름다운 바다가 있어요! 코끼리섬 꼬창
2. 휴양지의 본고장! 별이 빛나는 섬 파타야
3. 버스킹을 좋아한다면 푸껫 빠통에서 밤거리 공연을!
4. 해변에서 암벽 등반을 즐겨요! 끄라비
5. 다이버들이 즐겨 찾는 환상적인 경치의 거북이섬 꼬다오

휴양지 여행 ✦ 버킷 리스트

☑ 여긴 꼭 가자!

파타야 진리의 성전
세계 최고의 목조 건물로 인류의 평화를 소망하는
양식을 반영했어요.

푸껫 빅붓다 사원
태국에서 가장 큰 불상이 있는 사원이에요.

푸껫 판타지아 테마파크
다양한 문화 테마 공연을 감상할 수
있어요.

☑ 이건 꼭 즐기자!

푸껫 홍 섬에서 카약킹하기
피피 섬을 경유하는 동안 홍 섬에서
카약을 즐겨 보세요.

파타야 카트 스피드웨이
수준별로 나뉘어진 경주용 카트를 타고 신나게
달려 보세요.

사뚠 리뻬 섬에서 힐링하기
지친 일상에서 벗어나 리뻬 섬에서 힐링해 보세요.

문화로 만나는 태국
알아 두면 좋은 태국 문화

📷 애국가와 칭송가가 흘러요

태국은 국왕이 존재하는 왕실국가입니다. 매일 하루 두 번, 오전 8시와 오후 6시에 태국 전 지역과 방송에서 타이 국가(**เพลงชาติไทย**)가 울려 퍼집니다. 여행할 때 태국 국가가 들리면 잠시 가던 걸음을 멈추고 국가가 끝날 때까지 기다려 주세요. 또, 영화관에서 영화가 시작하기 전이나 주요 행사가 시작되기 전에 태국 국왕을 칭송하는 국왕 칭송가(**เพลงสรรเสริญพระบารมี**)가 나오는데요, 관람객은 칭송가가 끝날 때까지 자리에서 일어나서 경청해야 합니다.

📷 머리를 쓰다듬어서는 안 돼요

태국에서는 '머리는 높고(**หัวสูง**), 발은 낮다(**เท้าต่ำ**)'라고 여기기 때문에, 상대방의 머리를 쓰다듬거나 발로 상대방을 가리키는 것은 예의에서 벗어난 행동입니다. 태국 사람들은 머리에 그 사람의 영혼이 깃들어 있다고 생각해서 머리를 쓰다듬게 되면 영혼이 달아난다고 믿습니다.

📷 토지신을 위해 작은 제단을 지어요

태국은 주택이나 콘도미니엄 또는 빌딩 등의 입구에 그 장소를 지키는 토지신이 머물 수 있도록 작은 집 모양의 제단인 토지신 사당(**ศาลพระภูมิ**)을 만들어 놓고 안전과 평온을 기원합니다. 평소 꽃이나 음식을 제단에 놓고 기도를 드리거나 제단을 지나갈 때 합장을 하고 경의를 표합니다.

현지에서 한마디!

헤어질 때 상대방에게 말해 보세요!

커- 하이 초-ㄱ 디- 나크랍(카)

ขอให้โชคดีนะครับ(คะ)

행운을 빕니다.

부록

DAY 03
55, 57쪽

01 ① เขา ชื่อ เจมส์ ค่ะ

그 사람의 이름은 제임스입니다.

② ท่าน ชื่อ เอก ครับ

그분의 성함은 엑입니다.

③ ดิฉัน ชื่อ ฝน ค่ะ

제 이름은 폰입니다.

02 ① ผม เป็น คน ไทย ครับ

저는 태국 사람입니다.

② ดิฉัน เป็น คน ญี่ปุ่น ค่ะ

저는 일본 사람입니다.

③ เขา เป็น คน จีน ครับ

그 사람은 중국 사람입니다.

03 ① ไป เที่ยว ไหม คะ

놀러(여행) 가나요?

② ดู หนัง ไหม ครับ

영화를 보나요?

③ เรียน ภาษา ไทย ไหม คะ

태국어를 공부하나요?

04 ① ครับ ไป ครับ / ไม่ ไป ครับ

네, 가요. / 안 가요.

② ค่ะ ดู ค่ะ / ไม่ ดู ค่ะ

네, 봐요. / 안 봐요.

③ ครับ เรียน ครับ /
ไม่ เรียน ครับ

네, 공부해요. / 공부 안 해요.

DAY 04
65, 67쪽

01 ① ไป สนามบิน อย่างไร คะ

공항에 어떻게 가요?

② ไป ออฟฟิศ อย่างไร ครับ

사무실에 어떻게 가요?

③ ไป สถานทูต อย่างไร คะ

대사관에 어떻게 가요?

02 ① ขึ้น รถไฟ มา ครับ

기차를 타고 왔어요.

② ขึ้น รถเมล์ มา ค่ะ

버스를 타고 왔어요.

③ ขึ้น เอ็มอาร์ที มา ครับ

MRT를 타고 왔어요.

03 ① จาก ที่ กรุงโซล ถึง ที่
กรุงเทพฯ

서울에서 방콕까지

② จาก ที่ บ้าน ถึง ที่ โรงเรียน

집에서 학교까지

③ จาก ที่ สนามบิน ถึง ที่
โรงแรม

공항에서 호텔까지

④ จาก ที่ สถานี อโศก ถึง ที่
สถานี อ่อนนุช

아속 역에서 온눗 역까지

01 ① **จะ ไป เที่ยว**
놀러(여행) 갈 것이다.

② **จะ ทำ อาหาร**
요리할 것이다.

③ **จะ ซัก ผ้า**
빨래할 것이다.

02 ① **จะ ไม่ ไป เรียน**
공부하러 가지 않을 것이다.

② **จะ ไม่ นอน**
잠을 자지 않을 것이다.

③ **จะ ไม่ ว่ายน้ำ**
여기에서 수영하지 않을 것이다.

03 ① **บ่าย โมง**
오후 1시

② **สอง ทุ่ม ยี่สิบห้า นาที**
오후 8시 25분

③ **เที่ยงคืน**
자정

④ **ตี สาม ห้า นาที**
새벽 3시 5분

⑤ **ห้า โมง เย็น**
오후 5시

01 ① **ช่วย ทำ การบ้าน ให้ หน่อย ได้ไหม ครับ**
숙제 좀 해주실 수 있으세요?

② **ช่วย เลือก ของฝาก ให้ หน่อย ได้ไหม คะ**
기념품 좀 골라 주실 수 있으세요?

③ **ช่วย เรียก แท็กซี่ ให้ หน่อย ได้ไหม ครับ**
택시 좀 불러 주실 수 있으세요?

02 ① **กิน อันนี้ ได้ไหม คะ**
이거 드실 수 있나요? / 이거 먹어도 돼요?

② **ดู หนังผี ได้ไหม ครับ**
공포 영화를 볼 수 있나요? /
공포 영화를 봐도 돼요?

③ **ถ่าย รูป ได้ไหม คะ**
사진을 찍을 수 있나요? / 사진 찍어도 돼요?

03 ① **หนึ่ง ล้าน สาม แสน**
백 삼십만

② **ห้า ล้าน เจ็ด แสน**
오백 칠십만

③ **แปด ล้าน หก แสน**
팔백 육십만

04 ① **๖ ล้าน ๓ แสน**
육백 삼십만

② **๔ ล้าน ๘ แสน**
사백 팔십만

③ **๕ ล้าน ๑ แสน**
오백 십만

01 ① **ขอ น้ำเปล่า 2 ขวด หน่อย ครับ**

생수 두 병 주세요.

② **ขอ อเมริกาโน่ เย็น 1 แก้ว หน่อย ค่ะ**

아이스 아메리카노 한 잔 주세요.

③ **ขอ หมูปิ้ง 4 ไม้ หน่อย ครับ**

무뼹 네 개 주세요.

④ **ขอ ไก่ทอด 5 ชิ้น หน่อย ค่ะ**

닭 튀김(후라이드 치킨) 다섯 조각 주세요.

⑤ **ขอ อันนี้ 3 อัน หน่อย ครับ**

이거 세 개 주세요.

02 ① **หวาน มาก** 너무 달다.

หวาน นิดหน่อย 조금 달다.

ค่อนข้าง หวาน 단 편이다.

ไม่ค่อย หวาน 별로 안 달다.

② **เค็ม มาก** 너무 짜다.

เค็ม นิดหน่อย 조금 짜다.

ค่อนข้าง เค็ม 짠 편이다.

ไม่ค่อย เค็ม 별로 안 짜다.

③ **จืด มาก** 너무 싱겁다.

จืด นิดหน่อย 조금 싱겁다.

ค่อนข้าง จืด 싱거운 편이다.

ไม่ค่อย จืด 별로 안 싱겁다.

④ **เปรี้ยว มาก** 너무 시다.

เปรี้ยว นิดหน่อย 조금 시다.

ค่อนข้าง เปรี้ยว 신 편이다.

ไม่ค่อย เปรี้ยว 별로 안 시다.

01 ① **มี ช้อน ไหม ครับ**

숟가락 있어요?

② **มี ผ้าเช็ดตัว ไหม คะ**

(큰) 수건 있어요?

③ **มี แปรงสีฟัน และ ยาสีฟัน ไหม ครับ**

칫솔과 치약 있어요?

02 ① **มี เล็ก กว่า นี้ ไหม คะ**

이것보다 작은 것 있어요?

② **มี ถูก กว่า นี้ ไหม ครับ**

이것보다 싼 것 있어요?

③ **มี สูง กว่า นี้ ไหม คะ**

이것보다 높은 것 있어요?

03 ① **มือถือ เครื่อง นี้ เท่าไหร่ คะ**

이 핸드폰은 얼마예요?

② **กางเกง ตัว นี้ เท่าไหร่ ครับ**

이 바지는 얼마예요?

③ **มะม่วง ลูก นั้น เท่าไหร่ คะ**

그 망고는 얼마예요?

04 ① ค่า แท็กซี่ เท่าไหร่ ครับ

택시비는 얼마예요?

② ค่า เข้าชม เท่าไหร่ คะ

입장료는 얼마예요?

③ ค่า เรียน เท่าไหร่ ครับ

수업료는 얼마예요?

01 ① ร้านกาแฟอยู่ที่ไหนครับ

커피숍은 어디에 있어요?

② ห้างสรรพสินค้าอยู่ที่ไหนคะ

백화점은 어디에 있어요?

③ ห้องน้ำอยู่ที่ไหนครับ

화장실은 어디에 있어요?

02 ① อยู่ที่สุขุมวิทซอย12ค่ะ

스쿰빗 12번 골목에 있어요.

② อยู่ที่ข้างข้างสถานีอโศกครับ

아속 역 옆에 있어요.

③ อยู่ที่ข้างหลังค่ะ

뒤쪽에 있어요.

03 ① ตรงไปที่นั่นครับ

저기에서 직진하세요.

② กลับรถที่สะพานลอยค่ะ

육교에서 유턴하세요.

③ เลี้ยวซ้ายที่ไฟจราจรครับ

신호등에서 좌회전하세요.

③ ข้ามที่ถนนค่ะ

길을 건너세요.

01 ① เคยกินอาหารไทยไหมครับ

태국 음식을 드셔 본 적 있으세요?

② เคยไปเที่ยวที่ประเทศเกาหลีไหมคะ

한국에 놀러(여행) 가보신 적 있으세요?

③ เคยดูละครไทยไหมครับ

태국 연극(드라마)을 본 적 있으세요?

02 ① ยังไม่เคยกินอาหารไทยค่ะ

아직 태국 음식을 먹어 본 적이 없어요.

② ยังไม่เคยไปเที่ยวต่างประเทศครับ

아직 외국에 놀러(여행) 가본 적이 없어요.

③ ยังไม่เคยดูละครไทยค่ะ

아직 태국 연극(드라마)을 본 적이 없어요.

03 ① อิ่มแต่อยากกินอีก

배가 부르지만 더 먹고 싶다.

② เผ็ดนิดหน่อยแต่อร่อย

조금 맵지만 맛있다.

③ เหนื่อยมากแต่อยากไปดูหนัง

너무 피곤하지만 영화를 보러 가고 싶다.

④ อยากไปดูละครไทยแต่ตั๋วละครหมดแล้ว

태국 연극을 보러 가고 싶지만 연극표가 매진되었다.

01 ① **อย่ากินเยอะเกินไป**
지나치게 많이 먹지 마라.

② **อย่าเล่นน้ำตอนดึก**
심야에 물놀이를 하지 마라.

③ **อย่าออกไปข้างนอกตอน
กลางคืน**
밤에 외출하지 마라.

02 ① **ห้ามจอดรถ**
주차 금지

② **ห้ามขายเหล้า**
술 판매 금지

③ **ห้ามทิ้งขยะ**
쓰레기 투기 금지

03 ① **ลองทานอันนี้นะครับ**
이것을 맛보세요.

② **ลองอ่านอักษรตัวนี้นะคะ**
이 글자를 읽어 보세요.

③ **ลองไปเที่ยวที่เมืองไทย
นะครับ**
태국에 여행을 가보세요.

04 ① **ลองเช็คดูไหมคะ**
확인을 해보시겠어요?

② **ลองใส่กระโปรงไหมครับ**
치마를 입어 보시겠어요?

③ **ลองปรึกษากับพ่อแม่ไหมคะ**
부모님과 상의를 해보시겠어요?

01 ① **รู้สึกเจ็บคอ**
목이 아픈 것 같다.

② **รู้สึกเมื่อยแขน**
팔이 뻐근한 것 같다.

③ **รู้สึกท้องเสีย**
배탈이 난 것 같다.

02 ① **รู้สึกเหนื่อย**
피곤한 것 같다.

② **รู้สึกร้อน**
더운 것 같다.

③ **รู้สึกยาก**
어려운 것 같다.

03 ① **ถ้าเขาไป ฉันก็จะไป**
만약 그가 가면, 저도 갈 거예요.

② **ถ้าคุณไม่กิน ผมก็จะไม่กิน**
만약 당신이 안 먹으면, 저도 안 먹을 거예요.

③ **ถ้าวันนี้อากาศดี
ฉันก็จะไปอาบแดด**
만약 오늘 날씨가 좋다면, 저는 일광욕을 하러 갈
거예요.

01 ① วันพุธที่ 11 (เดือน)
พฤศจิกายน

11월 11일 수요일

② วันจันทร์ที่ 20 (เดือน)
เมษายน

4월 20일 월요일

③ วันเสาร์ที่ 5 (เดือน)กันยายน

9월 5일 토요일

④ วันอาทิตย์ที่ 15 (เดือน)
มีนาคม

3월 15일 일요일

02 ① อาทิตย์หน้า

다음 주

② กลางปีที่แล้ว

작년 중순

③ ปลายปีนี้ / สิ้นปีนี้

올해 연말

④ ต้นปีหน้า

내년 초

01 ① พรุ่งนี้อาจจะร้อนครับ

내일은 더울 것 같아요.

② พรุ่งนี้อาจจะแจ่มใสค่ะ

내일은 맑을 것 같아요.

③ พรุ่งนี้อาจจะมีเมฆครับ

내일은 흐릴 것 같아요.

02 ① เธอคงจะมาสายค่ะ

그녀는 늦을 거예요.

② เขาคงจะนอนอยู่ครับ

그는 잘 거예요.

③ เพื่อนคงจะกลับบ้านแล้วค่ะ

친구는 (이미) 귀가했을 거예요.

03 ① ถึงแม้ว่าจะอิ่มแล้ว
แต่ก็จะกินอีก

비록 배가 불렀어도 더 먹을 것이다.

② ถึงแม้ว่าจะไกลแค่ไหน
แต่ก็จะไปเที่ยว

비록 얼마나 멀지라도 여행(놀러) 갈 것이다.

③ ถึงแม้ว่าจะเหนื่อย
แต่ก็จะต้องทำการบ้าน

비록 너무 피곤해도 숙제를 해야 한다.

④ ถึงแม้ว่าจะเรียนภาษาไทยยาก
แต่ก็จะไม่ยอมแพ้

비록 태국어 공부가 어려워도 포기하지 않을 것이다.

01 ① ขอบคุณที่มาเยี่ยมเราค่ะ

저희를 방문해 주셔서 감사합니다.

② ขอบคุณที่ให้ของขวัญครับ

선물을 주셔서 감사합니다.

③ ขอบคุณที่ให้ทราบค่ะ

알려 주셔서 감사합니다.

02 ① ขอโทษที่รบกวนครับ

폐를 끼쳐서 죄송합니다.

② ขอโทษที่ตอบช้าค่ะ

답이 늦어서 죄송합니다.

③ ขอโทษที่ทำจานแตกครับ

접시를 깨서 죄송합니다.

03 ① อยากจะเป็นคนดีค่ะ

착한 사람이 되고 싶어요.

② อยากคบกับเพื่อนคนไทยครับ

태국 친구와 사귀고 싶어요.

③ อยากได้รับของขวัญค่ะ

선물을 받고 싶어요.

④ อยากจะใช้ไวไฟครับ

와이파이를 사용하고 싶어요.

01 ① ชอบซื้อของค่ะ

쇼핑을 좋아해요.

② ชอบดูหนังครับ

영화 보는 것을 좋아해요.

③ ชอบฟังเพลงค่ะ

노래 듣는 것을 좋아해요.

02 ① ไม่ชอบผักชีครับ

고수를 좋아하지 않아요.

② ไม่ชอบปีนเขาค่ะ

등산하는 것을 좋아하지 않아요.

③ ไม่ชอบผลไม้ครับ

과일을 좋아하지 않아요.

03 ① จะแนะนำครอบครัวของผมให้นะครับ

제 가족을 소개해 드릴게요.

② จะแนะนำเพื่อนสนิทให้นะคะ

친한 친구를 소개해 드릴게요.

③ จะแนะนำสถานที่ที่ได้รับความนิยมให้นะครับ

인기 있는 곳을 소개해 드릴게요.

04 ① ช่วยแนะนำเพื่อนคนไทยให้หน่อยค่ะ

태국 친구 좀 소개해 주세요.

② ช่วยแนะนำโรงแรมแถวสยามให้หน่อยครับ

시암 근처 호텔 좀 추천해 주세요.

③ ช่วยแนะนำร้านอาหารไทยให้หน่อยค่ะ

태국 음식점 좀 추천해 주세요.

DAY 01

맛있는 연습 문제   38쪽

1 ① สวย   ② หมา   ③ คอ

2 ① ผ / ก / ร / ท
     ② ห / ม / อ / ว

3 ① เ-า / ใ / สี้ / ยู่
     ② เ-อ / แ / ตั๋ / ว

DAY 02

맛있는 연습 문제   50쪽

1 ① ก้าว   ② ตั๋ว   ③ ข้าว

2 ① พ่ / ม่ / ซี้ / ช้
     ② ดี่ / ข / ตั๋ / ตุ๊ / ตุ๊

3 ① 고 / 장 / 사 / 1성 장모음
     ② 고 / 장 / 생 / 4성 장모음
     ③ 저 / 단 / 사 / 3성 단모음

DAY 03

맛있는 연습 문제   60쪽

1 ① เขา   ② ชื่อ   ③ ไหม

2 ① คนเกาหลี
     ② ไหม   ③ ไม่

3 ① 그분은 한국 사람입니다.
     ② 그 사람은 잘 지냅니다.

DAY 04

맛있는 연습 문제   70쪽

1 ① ขึ้น   ② ไกล   ③ เลย

2 ① เครื่องบิน
     ② แท็กซี่   ③ บ้าน

3 ① เดิน / มา
     ② สนามบิน / อย่างไร
     ③ จาก / ถึง

DAY 05 첫째 주 다시 보기

◀ 실력 다지기 1 ▶   73쪽

1 ① 쑤-워이 / 4성   ② 쯔ㅓ- / 평성
     ③ 아라r-이 / 1성 1성 ④ 푸-ㄷ / 2성
     ⑤ 락r / 3성

2 ① อย่า   ② อยู่   ③ อย่าง
     ④ อยาก   ⑤ ตา   ⑥ ดู
     ⑦ มือ   ⑧ ผี

3 ① ห้อง   ② เก่ง   ③ เสื้อ
     ④ เดิน   ⑤ คุณ   ⑥ นอน

◀ 실력 다지기 2 ▶   75쪽

1 ① เขาเป็นคนเกาหลีครับ(ค่ะ)
     ② ไปดูหนังไหมครับ(คะ)

2 ③

3 ① ขึ้นรถเมล์มาที่นี่ครับ(ค่ะ)
     ② จากบ้านถึงสถานี

DAY 06
맛있는 연습 문제   90쪽

1 ① สี่ ② แปด ③ เก้า

2 ① จะกินข้าว ② กี่โมง
 ③ จะไม่ไป

3 ① เก้าโมงเช้า ② สามทุ่ม
 ③ หกโมงเย็น

DAY 07
맛있는 연습 문제   100쪽

1 ① มี ② เหลือ ③ ห้า

2 ① ช่วย ② ช่วย ③ ช่วย

3 ① สองแสน หกหมื่น แปดพัน
 ② เจ็ดล้าน หนึ่งแสน เก้าหมื่น
 ③ ๐๑๗-๘๕๑๔-๒๓๖๙

DAY 08
맛있는 연습 문제   110쪽

1 ① หน่อย ② ผัด ③ ปู

2 ① ก๋วยเตี๋ยวหมู / ชาม
 ② น้ำเปล่า / ขวด
 ③ อันนี้ / อันนั้น

3 ① รสชาติเป็นยังไงครับ(คะ)
 ② อร่อยมากครับ(ค่ะ)
 ③ เผ็ดนิดหน่อยครับ(ค่ะ)

DAY 09
맛있는 연습 문제   120쪽

1 ① ใหญ่ ② ไหม ③ ตั๋ว

2 ① มีหนังสือภาษาไทยไหม
 ② ค่าตั๋วเครื่องบินเท่าไหร่

3 ① เล็ก ② ถูก ③ สูง

DAY 10 둘째 주 다시 보기

◖ 실력 다지기 1 ◗   123쪽

1 ① ฉันจะไปเที่ยวครับ(ค่ะ)
 ② 10 โมงเช้าจะกลับบ้าน
  ครับ(ค่ะ)

2 ④

3 ① สอง หมื่น แปดพัน บาท
 ② ๐๙๖-๓๘๕๔-๒๙๗๑

◖ 실력 다지기 2 ◗   125쪽

1 ① ขออเมริกาโน่ 2 แก้ว
  หน่อยครับ(ค่ะ)
 ② มีเล็กกว่านี้ไหมครับ(คะ)

2 ①

3 ① รสชาติค่อนข้างเค็ม
  ครับ(ค่ะ)
 ② กางเกงตัวนี้ไม่ค่อยแพง
  ครับ(ค่ะ)

맛있는 연습 문제   138쪽

1 ① หน้า   ② ชาย   ③ ระหว่าง

2 ① d   ② c   ③ b   ④ e   ⑤ a

3 ① ห้องน้ำอยู่ตรงไหนครับ(คะ)
   ② เลี้ยวซ้ายที่สี่แยกครับ(ค่ะ)

맛있는 연습 문제   148쪽

1 ① เคย   ② ยัง   ③ ลด

2 ① เคย   ② ยังไม่เคย
   ③ แต่

3 ① 당신은 태국 음식을 드셔 본 적이 있나요?
   ② 오늘 너무 피곤하지만 태국어 공부를 더 하고
   싶다.

맛있는 연습 문제   158쪽

1 ① อย่า   ② ลอง   ③ ถาม

2 ① ห้าม   ② ไม่ควร ③ อย่า

3 ① ลองชิม(ดู)ครับ(ค่ะ)
   ② ลองใส่รองเท้าครับ(ค่ะ)
   ③ ลองทำ(ดู)ไหมครับ(คะ)

맛있는 연습 문제   168쪽

1 ① อาการ ② น้ำ   ③ ไว้

2 ① ดีใจ   ② ร้อน   ③ ปวด

3 ① จะไม่กิน / คุณไม่กิน
   ② จะไม่เข้าใจ / ไม่เรียน

DAY 15 셋째 주 다시 보기

실력 다지기 1   171쪽

1 ① โรงเรียนอยู่ที่ไหนครับ(คะ)
   ② แพงมากแต่ก็ดีครับ(ค่ะ)

2 ③

3 ① เขาอยู่ที่ออฟฟิศครับ(ค่ะ)
   ② เคยดูหนังไทยครับ(ค่ะ)

실력 다지기 2   173쪽

1 ① ลองใส่เสื้อตัวนี้ไหมครับ
   (คะ)
   ② ฉันรู้สึกหิวครับ(ค่ะ)

2 ④

3 ① ฉันขับรถไม่ได้ครับ(ค่ะ)
   ② อย่ากินเยอะเกินไป

맛있는 연습 문제   186쪽

1 ① เกิด   ② หน้า   ③ เดือน

2 ① วันพุธ
   ② วันพฤหัสบดีที่ 5 กันยายน

③ อาทิตย์ที่แล้ว

3 ① วันอาทิตย์ / (เดือน)มีนาคม
     / 2563
   ② สิ้นเดือนนี้ / ต้นปีหน้า

DAY 17
맛있는 연습 문제   196쪽

1 ① เสื้อ   ② หลาย   ③ อิ่ม

2 ① จะไม่ร้อน
   ② คงจะไม่ติด
   ③ จะไม่ตก

3 ① จะไป / พรุ่งนี้ฝนจะตก
   ② จะไปเที่ยว / ไกลแค่ไหน

DAY 18
맛있는 연습 문제   206쪽

1 ① แผน   ② หนัง   ③ ไหน

2 ① อยู่ที่   ② แผนที่   ③ อยากซื้อ

3 ① ยินดีที่ได้พบคุณครับ(ค่ะ)
   ② ต้องการไปเที่ยวอเมริกา
   ③ อยากจะซื้ออะไรครับ(คะ)

DAY 19
맛있는 연습 문제   216쪽

1 ① ทะเล   ② ซื้อ   ③ ร้าน

2 ① a   ② c   ③ e   ④ b   ⑤ d

3 ① ชอบอ่านหนังสือครับ(ค่ะ)

② ช่วยแนะนำเมนูให้หน่อยครับ
(ค่ะ)

DAY 20 넷째 주 다시 보기

실력 다지기 1   219쪽

1 ① วันจันทร์ที่ 20 เดือน
     เมษายนที่ พ.ศ.2563
   ② พรุ่งนี้อาจจะร้อน

2 ②

3 ① วันเกิดของฉันคือวันที่ 28
     เดือนมีนาคมครับ(ค่ะ)
   ② แท็กซี่จะมาเมื่อไหร่ครับ
     (คะ) /
     เมื่อไหร่แท็กซี่จะมาครับ
     (คะ)

실력 다지기 2   221쪽

1 ① ฉันอยากพูดภาษาไทย
     เก่งครับ(ค่ะ)
   ② ขอบคุณที่ช่วยฉันครับ
     (ค่ะ)

2 ④

3 ① คนไทยชอบดูฟุตบอล
     ครับ(ค่ะ)
   ② ช่วยแนะนำอาหารอร่อย
     ให้หน่อยครับ(ค่ะ)

01. 가족 ครอบครัว ^{ㅋ러r-ㅂ크루r-워}

할아버지	**ปู่** 뿌-	할머니	**ย่า** 야-
외할아버지	**ตา** 따-	외할머니	**ยาย** 야-이
아버지	**พ่อ** 퍼-	어머니	**แม่** 매-
부모님의 손위 형제	**ลุง** 룽	부모님의 손위 자매	**ป้า** 빠-
아버지의 손아랫사람	**อา** 아-	어머니의 손아랫사람	**น้า** 나-
형, 오빠	**พี่ชาย** 피-차-이	누나, 언니	**พี่สาว** 피-싸-우
손윗사람	**พี่** 피-	동생	**น้อง** 너-ㅇ
아들	**ลูกชาย** 루-ㄱ차-이	딸	**ลูกสาว** 루-ㄱ싸-우
사위	**ลูกเขย** 루-ㄱ크ㅓ-이	며느리	**ลูกสะใภ้** 루-ㄱ싸파-이

02. 국가명 ชื่อประเทศ ^{츠-쁘라r테-ㅅ}   _{*각 국가명 앞에} **ประเทศ** ^{쁘라r테-ㅅ} _{을 붙여서 읽으세요.}

한국	**เกาหลี** 까오ㄹ리	태국	**ไทย** 타이
중국	**จีน** 찌-ㄴ	일본	**ญี่ปุ่น** 이-쁜
베트남	**เวียดนาม** 위엔나-ㅁ	라오스	**ลาว** 라-우
인도네시아	**อินโดนีเซีย** 인도니씨-야	캄보디아	**กัมพูชา** 깜푸-차-
미국	**อเมริกา** 아메리r까-	말레이시아	**มาเลย์เซีย** 마-레씨-야
영국	**อังกฤษ** 앙끄릳r	캐나다	**แคนนาดา** 캐나다-
이탈리아	**อิตาลี** 이따-ㄹ리-	프랑스	**ฝรั่งเศส** 퐈f랑쎄-ㅅ

236

03. 취미 งานอดิเรก^{응아-ㄴ 아디레-ㄱ}

독서	**อ่านหนังสือ**^{아-ㄴ 낭쓰-}	컴퓨터 게임	**เล่นเกมส์คอมพิวเตอร์** 렌께-ㅁ 컴피우뜨ㅓ-
음악 듣기	**ฟังเพลง**^{f팡r플레-ㅇ}	영화 보기	**ดูหนัง**^{두-낭}
요리	**ทำอาหาร**^{탐아-하-ㄴ}	노래 부르기	**ร้องเพลง**^{러r-ㅇ플레-ㅇ}
운동	**ออกกำลังกาย**^{어-ㄱ깜랑까-이}	사진 찍기	**ถ่ายรูป**^{타-이루-ㅂ}
골프	**เล่นกอล์ฟ**^{렌껍f}	등산	**ปีนเขา**^{삐-ㄴ카오}
테니스	**เล่นเทนนิส**^{렌텐닛}	배드민턴	**เล่นแบตมินตัน**^{렌뱃민딴}
축구	**เล่นฟุตบอล**^{렌풋f번}	탁구	**เล่นปิงปอง**^{렌삥뻥}
배구	**เล่นวอลเลย์บอล**^{렌원레-번}	농구	**เล่นบาสเกตบอล**^{렌바-ㅅ껫번}
태권도	**เล่นเทควันโด**^{렌태-콴도-}	수영	**ว่ายน้ำ**^{와-이나-ㅁ}

04. 직업 อาชีพ^{아-치-ㅂ}

군인	**ทหาร**^{타하-ㄴ}	경찰	**ตำรวจ**^{땀루-월}
교사	**ครู**^{크루-}	통역사	**ล่าม**^{라-ㅁ}
공무원	**ข้าราชการ**^{카-라-ㅅ차까-ㄴ}	외교관	**นักทูต**^{낙투-ㅅ}
음악가	**นักดนตรี**^{낙돈뜨리-}	사업가	**นักธุรกิจ**^{낙투라낏}
회사원	**พนักงานบริษัท**^{파낙응아-ㄴ버-리r쌋}	종업원	**พนักงาน**^{파낙응아-ㄴ}
운동선수	**นักกีฬา**^{낙끼ㄹ라-}	가수	**นักร้อง**^{낙러r-ㅇ}
학생	**นักเรียน**^{낙리r-얀}	대학생	**นักศึกษา**^{낙쓱싸-}

05. 신체 ร่างกาย(라r-ㅇ까-이)

머리	หัว(후-워)	이마	หน้าผาก(나-파-ㄱ)
눈	ตา(따-)	코	จมูก(짜무-ㄱ)
입	ปาก(빠-ㄱ)	손	มือ(므-)
혀	ลิ้น(린)	귀	หู(후-)
볼	แก้ม(깨-ㅁ)	다리	ขา(카-)
발	เท้า(타-오)	어깨	ไหล่(라이)
가슴	หน้าอก(나-옥)	배	ท้อง(터-ㅇ)
등	หลัง(랑)	허리	เอว(에-우)

06. 색깔 สี(씨-)

빨간색	สีแดง(씨대-ㅇ)	주황색	สีส้ม(씨-쏨)
노란색	สีเหลือง(씨-르-앙)	초록색	สีเขียว(씨-키-여우)
하늘색	สีฟ้า(씨-파r-)	남색	สีน้ำเงิน(씨-남응으ㅓㄴ)
보라색	สีม่วง(씨-무-웡)	금색	สีทอง(씨-터-ㅇ)
은색	สีเงิน(씨-응으ㅓㄴ)	회색	สีเทา(씨-타오)
분홍색	สีชมพู(씨-촘푸-)	갈색	สีน้ำตาล(씨-남따-ㄴ)
흰색	สีขาว(씨-카-우)	검은색	สีดำ(씨-담)

07. 주요 형용사

크다	ใหญ่ 야이	작다	เล็ก 렉
높다	สูง 쑤-ㅇ	낮다	ต่ำ 땀
어렵다	ยาก 야-ㄱ	쉽다	ง่าย 응아-이
새롭다	ใหม่ 마이	낡다	เก่า 까오
넓다	กว้าง 꽈-ㅇ	좁다	แคบ 캐-ㅂ
무겁다	หนัก 낙	가볍다	เบา 바오
깨끗하다	สะอาด 싸아-ㄷ	더럽다	สกปรก 쏙까쁘록r
부지런하다	ขยัน 카얀	게으르다	ขี้เกียจ 키-끼얏
덥다	ร้อน 러-ㄴ	춥다	หนาว 나우
많다	เยอะ 여y	적다	น้อย 너-이

08. 주요 동사

가다	ไป 빠이	오다	มา 마-
열다	เปิด 쁘ㅓ-ㄷ	닫다	ปิด 삣
자다	นอน 너-ㄴ	깨다	ตื่น 뜨-ㄴ
시작하다	เริ่ม 르ㅓr엄	끝나다	เสร็จ 쎈
좋아하다	ชอบ 처-ㅂ	싫어하다	ไม่ชอบ 마이처-ㅂ
출발하다	ออก 어-ㄱ	도착하다	ถึง 틍

맛있는 태국어 독학 첫걸음

여행
미니북

JRC 언어연구소 기획
피무 저

맛있는 books

여행 미니북은 이렇게 활용하세요!

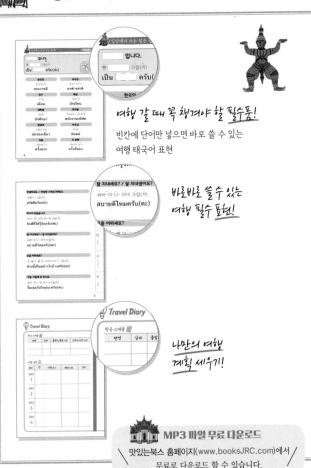

여행 갈 때 꼭 챙겨야 할 필수품!

빈칸에 단어만 넣으면 바로 쓸 수 있는
여행 태국어 표현

바로바로 쓸 수 있는
여행 필수 표현!

나만의 여행
계획 세우기!

여행 미니북

차례

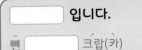

|입니다.
빼 |크`랍(카`)
เป็น | ครับ(ค่ะ)

한국인	외국인
콘 까오`ㄹ리-	콘 따`-ㅇ차`-ㄷ
คนเกาหลี	**คนต่างชาติ**

친구	학생
프^-안	낙ㄹr-얀
เพื่อน	**นักเรียน**

대학생	회사원
낙쓰싸-	파낙응아-ㄴ 버-ㄹr싼`
นักศึกษา	**พนักงานบริษัท**

관광객	부모님
낙텅티^-여우	퍼^-매^-
นักท่องเที่ยว	**พ่อแม่**

처음	두 번째
크`랑rㅐ-^ㄱ	크`랑r 티^- 써^-ㅇ
ครั้งแรก	**ครั้งที่สอง**

4

안녕하세요. / 안녕히 가세요(계세요).

싸왙디- 크랍(카)

สวัสดีครับ(ค่ะ)

만나서 반갑습니다.

인디- 티- 다이 루r-짝 크랍(카)

ยินดีที่ได้รู้จักครับ(ค่ะ)

잘 지내세요? / 잘 지내셨어요?

싸바-이 디- 마이 크랍(카)

สบายดีไหมครับ(คะ)

요즘 어떠세요?

추-웡니- 뻰 야-ㅇ라r이 바-ㅇ 크랍(카)

ช่วงนี้เป็นอย่างไรบ้างครับ(คะ)

그럼, 다음에 또 만나요.

응안 쯔ㅓ-깐 마이 나크랍(카)

งั้นเจอกันใหม่นะครับ(คะ)

대단히 감사합니다.

커-ㅂ쿤 마-ㄱ 크랍(카)

ขอบคุณมากครับ(ค่ะ)

죄송합니다.

커-토-ㄷ 크랍(카)

ขอโทษครับ(ค่ะ)

별말씀을요. / 괜찮습니다.

마이뻬라r이 크랍(카)

ไม่เป็นไรครับ(ค่ะ)

잘 부탁드립니다.

커- 화f-ㄱ뚜-워 두-워이 나크랍(카)

ขอฝากตัวด้วยนะครับ(คะ)

잘 모르겠습니다.

마이 싸-ㅂ 크랍(카)

ไม่ทราบครับ(ค่ะ)

조금 천천히 말씀해 주실 수 있으세요?

커- 푸^-ㄷ 차차- 너이 다이마이 크랍(카)

ขอพูดช้าๆหน่อยได้ไหมครับ(คะ)

한 번만 더 말씀해 주시겠어요?

커- 푸^-ㄷ 이-ㄱ티- 다이마이 크랍(카)

ขอพูดอีกทีได้ไหมครับ(คะ)

즐거운 여행 되세요.

티^-여우 하이 싸눅 싸눅 나크랍(카)

เที่ยวให้สนุกๆนะครับ(คะ)

오늘 하루 행복하세요. / 좋은 하루 보내세요.

커- 하이 미- 쾀-ㅁ 쑥 막마^-ㄱ 나이 완니- 나크랍(카)

ขอให้มีความสุขมากๆในวันนี้นะครับ(คะ)

행운이 깃들기를 바랍니다. / 행운을 빕니다.

커- 하이 초^-ㄱ 디- 나크랍(카)

ขอให้โชคดีนะครับ(คะ)

일상 / 호텔 / 교통 / 음식점 / 쇼핑

여행 잠자리는 편안하게!

☐☐☐ (좀) 부탁합니다.

커- ☐☐☐ (너이)크랍(카)

ขอ ☐☐☐ (หน่อย)ครับ(ค่ะ)

체크인
첵인
เช็คอิน

체크아웃
첵아오
เช็คเอ้าท์

싱글베드
띠-양 디-여우
เตียงเดี่ยว

더블베드
띠-양 쿠-
เตียงคู่

큰 방
헝 야이
ห้องใหญ่

전망 좋은 방
헝 위우 쑤-워이
ห้องวิวสวย

방 청소
탐 콰-ㅁ 싸아-ㄷ 헝
ทำความสะอาดห้อง

다른 방으로 변경
쁠리-얀 뻰 헝 으-ㄴ
เปลี่ยนเป็นห้องอื่น

캐리어 보관
화f-ㄱ 끄라r빠오 드-ㄴ타-ㅇ
ฝากกระเป๋าเดินทาง

수건
파- 첻 나-
ผ้าเช็ดหน้า

8

인터넷으로 예약했어요.

쩌-ㅇ 와이 나이 인뜨ㅓ넫 카(크랍)

จองไว้ในอินเตอร์เน็ตค่ะ(ครับ)

'유미'라는 이름으로 예약했어요.

쩌-ㅇ 나이 나-ㅁ 유-미 와이래-우 카(크랍)

จองในนาม ยูมิ ไว้แล้วค่ะ(ครับ)

아침 식사도 포함인가요?

루r-웜 아-하-ㄴ 차-오 두-워이 르ㅓr- 카(크랍)

รวมอาหารเช้าด้วยเหรอคะ(ครับ)

아침 식사는 몇 시까지 가능한가요?

싸-마-ㄷ 타-ㄴ 아-하-ㄴ 차-오 다이 틍 끼- 모-ㅇ 카(크랍)

สามารถทานอาหารเช้าได้ถึงกี่โมงคะ(ครับ)

방에서 와이파이 사용이 가능한가요?

차이 와이퐈f이 나이 헝 다이마이 카(크랍)

ใช้ไวไฟในห้องได้ไหมคะ(ครับ)

9

1박 요금은 얼마예요?

크ㅡㄴ 라 타오라ⁱ이 카(크랍)

คืนละเท่าไหร่คะ(ครับ)

캐리어를 방으로 옮겨 주시겠어요?

추ˆ워이 콘 끄라r빠오 드ㅓㅡㄴ타ㅡㅇ 빠이 티ㅡ 헝 다이마이 카(크랍)

ช่วยขนกระเป๋าเดินทางไปที่ห้องได้ไหมคะ(ครับ)

수영장은 몇 층에 있나요?

싸 와ˆ이나ㅡㅁ 유ˆ 찬 나ˋ이 카(크랍)

สระว่ายน้ำอยู่ชั้นไหนคะ(ครับ)

대타월은 오늘 오후에 반납하겠습니다.

짜 크ㅡㄴ 파ˆ 첸 뚜ˆ워 떠ㅡㄴ 바ˋ이 니ˆㅡ 나카(크랍)

จะคืนผ้าเช็ดตัวตอนบ่ายนี้นะคะ(ครับ)

키 카드는 두 개가 맞지요?

키ㅡ까ㅡㄷ 미ㅡ 써ˇㅡㅇ 안 차이마ˆ이 카(크랍)

คีย์การ์ดมีสองอันใช่ไหมคะ(ครับ)

내일 아침 모닝콜 부탁드립니다.

프룽r니- 차-오 추-워이 머-닝커-(ㄴ) 두-워이 카(크랍)

พรุ่งนี้เช้าช่วยมอร์นิ่งคอลด้วยค่ะ(ครับ)

방이 아직 정리가 안 되었습니다.

헝 양 마이 리r-얍러r-이 래-우 카(크랍)

ห้องยังไม่เรียบร้อยค่ะ(ครับ)

냉장고가 고장 났어요.

뚜-엔 씨-야 카(크랍)

ตู้เย็นเสียค่ะ(ครับ)

이 가방 좀 맡아 주실 수 있으세요?

커- 퐈f-ㄱ 끄라r빠오 바이 니- 다이마이 카(크랍)

ขอฝากกระเป๋าใบนี้ได้ไหมคะ(ครับ)

택시 좀 불러 주세요.

추-워이 리r-약 택씨- 하이너이 카(크랍)

ช่วยเรียกแท็กซี่ให้หน่อยค่ะ(ครับ)

근처에 [　　　] 이(가) 있나요?

태̌-우니- 미- [　　　] 마이 크랍(카̀)

แถวนี้มี [　　　] **ไหมครับ(คะ)**

화장실	약국
헝̌나-ㅁ	라́-ㄴ 카̌이 야-
ห้องน้ำ	**ร้านขายยา**

편의점	태국 음식점
라́-ㄴ 싸두̀-웍̀ 쓰́-	라́-ㄴ 아-하̌-ㄴ 타이
ร้านสะดวกซื้อ	**ร้านอาหารไทย**

커피숍	서점
라́-ㄴ 까-풰f-	라́-ㄴ 카̌이 낭́쓰-
ร้านกาแฟ	**ร้านขายหนังสือ**

사원	마사지 숍
와́ㅅ	라́-ㄴ 누̂-월
วัด	**ร้านนวด**

시장	(지상) 전철역
따̀ㄹ라-ㄷ	싸타̌-니- 롣r퐈f이퐈́f-
ตลาด	**สถานีรถไฟฟ้า**

걸어서 얼마나 걸려요?

드ㅓㄴ 빠이 차이 웨ㅡ라ㅡ 타오라r이 크랍(카)
เดินไปใช้เวลาเท่าไหร่ครับ(คะ)

짜뚜짝 시장까지 얼마나 멀어요?

틍 따ㄹ라ㅡㄷ 짜뚜짝 끌라이 캐ㅡ나이 크랍(카)
ถึงตลาดจตุจักรไกลแค่ไหนครับ(คะ)

무슨 역에서 환승해야 돼요?

떵 쁠리ㅡ얀 싸ㅡ이 티ㅡ 싸타ㅡ니ㅡ 아라r이 크랍(카)
ต้องเปลี่ยนสายที่สถานีอะไรครับ(คะ)

길을 잘못 든 것 같아요. 어떻게 하죠?

므ㅡ안 카오 핃 타ㅡㅇ 래ㅡ우 떵 탐 양응아이 크랍(카)
เหมือนเข้าผิดทางแล้ว ต้องทำยังไงครับ(คะ)

여기가 거기 맞죠?

티ㅡ 니ㅡ 크ㅡ 티ㅡ 난 차이마이 크랍(카)
ที่นี่คือที่นั่นใช่ไหมครับ(คะ)

13

라차다 딸랏롯파이 야시장으로 가주세요.

빠이 따ㄹ라-ㄷ 롣r퐈이 랃r차다- 너이 크랍(카)

ไปตลาดรถไฟรัชดาหน่อยครับ(ค่ะ)

미터기를 켜주세요.

꼳 미뜨ㅓ- 두-워이 크랍(카)

กดมิเตอร์ด้วยครับ(ค่ะ)

조금 서둘러 운전해 주세요.

커- 캅 립r리r-ㅂ 너이 크랍(카)

ขอขับรีบๆหน่อยครับ(ค่ะ)

조금 천천히 운전해 주세요.

커- 캅 차차- 너이 크랍(카)

ขอขับช้าๆหน่อยครับ(ค่ะ)

저기서 세워 주세요.

추-워이 쩌-ㄷ 뜨롱r 난 크랍(카)

ช่วยจอดตรงนั้นครับ(ค่ะ)

얼마예요?

타̂오라r̀이 크́랍(카̀)

เท่าไหร่ครับ(คะ)

여기 있습니다. 잔돈은 안 주셔도 돼요.

니̂- 크́랍(카̀) 마̂이떵̂ 터̄-ㄴ 크́랍(카̀)

นี่ครับ(ค่ะ) ไม่ต้องทอนครับ(ค่ะ)

트렁크 좀 열어 주세요.

추̂-워이 쁘ㅓ̀-ㄷ 끄라r쁘로r-ㅇ 타́-이 롣r욘́ 너̀이 크́랍(카̀)

ช่วยเปิดกระโปรงท้ายรถยนต์หน่อยครับ(ค่ะ)

에어컨 좀 꺼주실 수 있으세요?

추̂-워이 삐̀ㄷ 에-̄ 너̀이 다̂이마́이 크́랍(카̀)

ช่วยปิดแอร์หน่อยได้ไหมครับ(คะ)

비행기를 놓쳤어요.

똑 크르r-앙빈́ 크́랍(카̀)

ตกเครื่องบินครับ(ค่ะ)

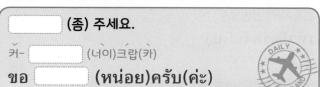

맛있는 음식을 더욱 맛있게!　Track 04

| [　] (좀) 주세요. |
| 커- [　] (너이)크랍(카) |
| ขอ [　] (หน่อย)ครับ(ค่ะ) |

숟가락	젓가락
처-ㄴ	따끼-얍
ช้อน	ตะเกียบ

포크	냅킨
썸	끄라r다-ㄷ 첻 빠-ㄱ
ส้อม	กระดาษเช็ดปาก

시원한 물	따뜻한 물
남 옌	남 러r-ㄴ
น้ำเย็น	น้ำร้อน

얼음물	소금
남 싸이 남 캥	끌르-아
น้ำใส่น้ำแข็ง	เกลือ

후추	고추
프릭r 타이	프릭r
พริกไทย	พริก

16

태국 음식을 먹어 보고 싶어요.

야-ㄱ 러-ㅇ 낀 아-하ˇ-ㄴ 타이 카ˋ(크랍)

อยากลองกินอาหารไทยค่ะ(ครับ)

태국 음식을 정말 좋아해요.

처ˆ-ㅂ 아-하ˇ-ㄴ 타이 찡찡 카ˋ(크랍)

ชอบอาหารไทยจริงๆค่ะ(ครับ)

몇 분 정도 기다려야 돼요?

떵ˆ 러ㄷ- 쁘라r마ˇ-ㄴ 끼- 나-티- 카ˊ(크랍)

ต้องรอประมาณกี่นาทีคะ(ครับ)

저기요, 주문해도 되나요?

쿤 카ˊ(크랍) 커ˇ- 쌍ˋ 다ˆ이마ˊ이 카ˊ(크랍)

คุณคะ(ครับ) ขอสั่งได้ไหมคะ(ครับ)

이 가게에서 제일 인기 있는 음식으로 주문할게요.

커ˇ- 쌍ˋ 아-하ˇ-ㄴ 티- 큰ˆ츠- 티ˆ-쑫 나이 라r-ㄴ 니ˊ- 카ˋ(크랍)

ขอสั่งอาหารที่ขึ้นชื่อที่สุดในร้านนี้ค่ะ(ครับ)

이 가게 분위기가 정말 마음에 들어요.

반야-까-ㄷ 라́r-ㄴ니- 투̀-ㄱ 짜이 마̂-ㄱ 카́(크랍)

บรรยากาศร้านนี้ถูกใจมากค่ะ(ครับ)

맛은 좀 어떠세요?

롣r차̂-ㄷ 뻰 양응아이 바̂-ㅇ 카́(크랍)

รสชาติเป็นยังไงบ้างคะ(ครับ)

정말 맛있어요.

아러r-이 마̂-ㄱ 카́(크랍)

อร่อยมากค่ะ(ครับ)

조금 매워요.

펟̀ 닏̀너̀이 카́(크랍)

เผ็ดนิดหน่อยค่ะ(ครับ)

별로 안 매워요.

마̂이커̀이 펟̀ 카́(크랍)

ไม่ค่อยเผ็ดค่ะ(ครับ)

싱거운 편이에요.

컨카^ㅇ 쯔-ㄷ 카(크랍)

ค่อนข้างจืดค่ะ(ครับ)

식사 맛있게 잘 하셨어요?

타-ㄴ 아-하-ㄴ 아러r-이 디- 마이 카(크랍)

ทานอาหารอร่อยดีไหมคะ(ครับ)

계산서 주세요.

커- 첵빈 너이 카(크랍)

ขอเช็คบิลหน่อยค่ะ(ครับ)

오늘은 제가 살게요.

완니- 디찬(폼) 짜 리-양 에-ㅇ 카(크랍)

วันนี้ดิฉัน(ผม)จะเลี้ยงเองค่ะ(ครับ)

식사 마치고 커피 드시러 가시겠어요?

랑짜-ㄱ 타-ㄴ 아-하-ㄴ 쎈 래-우 빠이 드-ㅁ 까-풰f-
두-워이 깐 마이 카(크랍)

**หลังจากทานอาหารเสร็จแล้ว
ไปดื่มกาแฟด้วยกันไหมคะ(ครับ)**

쇼핑은 언제나 즐겁게!

Track 05

┌──────────┐ 이(가) 있습니까?
└──────────┘
미- ┌──────────┐ 마이 크랍(카)
      └──────────┘
มี ┌──────────┐ ไหมครับ(คะ)
      └──────────┘

이것보다 큰 사이즈

카나-ㄷ 야이 꽈- 니-

ขนาดใหญ่กว่านี้

이것보다 작은 사이즈

카나-ㄷ 렉 꽈- 니-

ขนาดเล็กกว่านี้

이것보다 싼 것

투-ㄱ 꽈- 니-

ถูกกว่านี้

이것보다 비싼 것

패-ㅇ 꽈- 니-

แพงกว่านี้

다른 색

씨-으-ㄴ

สีอื่น

다른 종류

야-ㅇ으-ㄴ

อย่างอื่น

코끼리 무늬 스타일

배-ㅂ 라-이 차-ㅇ

แบบลายช้าง

민무늬 스타일

배-ㅂ 마이 미-ㄹ 라-이

แบบไม่มีลาย

엘리베이터

립

ลิฟท์

에스컬레이터

반다이 르-안

บันไดเลื่อน

20

이것 좀 보여 주세요.

커- 두- 안니- 너이 크랍(카)

ขอดูอันนี้หน่อยครับ(ค่ะ)

다른 종류 좀 보여 주세요.

커- 두- 안 으-ㄴ 너이 크랍(카)

ขอดูอันอื่นหน่อยครับ(ค่ะ)

이건 얼마예요?

안니- 타오라r이 크랍(카)

อันนี้เท่าไหร่ครับ(คะ)

가격이 생각보다 비싸네요.

라r-카- 패-ㅇ 꽈- 티- 낀 크랍(카)

ราคาแพงกว่าที่คิดครับ(ค่ะ)

가격 좀 깎아 주실 수 있나요?

추-워이 롣 라r-카- 너이 다이마이 크랍(카)

ช่วยลดราคาหน่อยได้ไหมครับ(คะ)

일상

호텔

교통

음식점

쇼핑

21

입어 봐도 될까요?

러-ㅇ 싸이 두- 다이마이 크랍(카)

ลองใส่ดูได้ไหมครับ(คะ)

탈의실은 어디에 있나요?

헝 쁠리-얀 쓰-아 유- 뜨롱r 나이 크랍(카)

ห้องเปลี่ยนเสื้ออยู่ตรงไหนครับ(คะ)

당신하고 너무 잘 어울려요.

두- 머 깝쿤 마-ㄱ르ㅓ-이 크랍(카)

ดูเหมาะกับคุณมากเลยครับ(ค่ะ)

저한테는 별로 안 어울리는 것 같아요.

두- 마이커이 머 깝 폼(디찬) 크랍(카)

ดูไม่ค่อยเหมาะกับผม(ดิฉัน)ครับ(ค่ะ)

환불이 가능한가요?

싸-마-ㄷ 크-ㄴ 응으ㅓㄴ 다이마이 크랍(카)

สามารถคืนเงินได้ไหมครับ(คะ)

전부 얼마예요?

탕 몯 타오라rˉ이 크랍(카)
ทั้งหมดเท่าไรครับ(คะ)

신용카드 결제가 가능한가요?

싸-마-ㄷ 짜ˋ-이 도ˉ-이 받 크레rˋ딛 다ˋ이마ˋ이 크랍(카)
สามารถจ่ายโดยบัตรเครดิตได้ไหมครับ(คะ)

지금 물건을 살 현금이 부족해요.

떠-ㄴ니- 응으ㅓㄴ쏟 마ˋ이 퍼- 쓰- 커ˇ-ㅇ 크랍(카)
ตอนนี้เงินสดไม่พอซื้อของครับ(ค่ะ)

할부로 할게요.

펀쏭 크랍(카)
ผ่อนส่งครับ(ค่ะ)

일시불로 할게요.

쓰-쏟 크랍(카)
ซื้อสดครับ(ค่ะ)

23

	해도 될까요?
	다이마이 크랍(카)
	ได้ไหมครับ(คะ)

앉다	보다
낭	두
นั่ง	ดู

먹다	마시다
낀	드-ㅁ
กิน	ดื่ม

흡연하다	사용하다
쑤-ㅂ 부리r-	차이
สูบบุหรี่	ใช้

주차하다	들어가다
쩌-ㄷ 롣r	카오빠이
จอดรถ	เข้าไป

사진을 찍다	휴대폰을 충전하다
타-이 루r-ㅂ	뜨ㅓ-ㅁ 므-트-
ถ่ายรูป	เติมมือถือ

오늘 관광객이 정말 많아요.

완니- 낙텅티-여우 여 찡찡 카(크랍)
วันนี้นักท่องเที่ยวเยอะจริง ๆ ค่ะ(ครับ)

환전은 어디에서 할 수 있나요?

래-ㄱ 응으ㅓㄴ 다이 티-나이 카(크랍)
แลกเงินได้ที่ไหนคะ(ครับ)

기념품 상정은 어디에 있어요?

라r-ㄴ 카-이 커-ㅇ 티- 라r륵 유- 티-나이 카(크랍)
ร้านขายของที่ระลึกอยู่ที่ไหนคะ(ครับ)

근처에 화장실이 있나요?

태-우 니- 미- 헝나-ㅁ 마이 카(크랍)
แถวนี้มีห้องน้ำไหมคะ(ครับ)

이 투어 비용은 금액이 얼마예요?

카- 투워 니- 라r-카- 타오라r이 카(크랍)
ค่าทัวร์นี้ราคาเท่าไหร่คะ(ครับ)

학생 할인은 되나요?

롣 하̂이 낙라r-얀 마̌이 카(크랍)

ลดให้นักเรียนไหมคะ(ครับ)

입장권은 어디에서 구매해요?

뚜̌-워 카오촘 쓰́- 티̂-나̌이 카(크랍)

ตั๋วเข้าชมซื้อที่ไหนคะ(ครับ)

몇 시간 걸리나요?

차́이 웨̂-ㄹ라- 끼̀- 추̂-워모̄-ㅇ 카(크랍)

ใช้เวลากี่ชั่วโมงคะ(ครับ)

이 공연이 태국에서 제일 인기 있어요.

라커-ㄴ 르r-엉 니́- 깜랑 당 티̂-쑫 나이 므-앙타이 카́(크랍)

ละครเรื่องนี้กำลังดังที่สุดในเมืองไทยค่ะ(ครับ)

정말 재미있었어요.

싸눅 악마̂-ㄱ 카́(크랍)

สนุกมากๆค่ะ(ครับ)

사진 좀 찍어 주실 수 있으세요?

추-워이 타-이 루r-ㅂ 하이 너이 다이마이 카(크랍)

ช่วยถ่ายรูปให้หน่อยได้ไหมคะ(ครับ)

이 버튼을 누르셔도 돼요.

꼳 뜨롱r 뿜 니- 꺼- 다이 카(크랍)

กดตรงปุ่มนี้ก็ได้ค่ะ(ครับ)

멋진 뷰포인트는 어디예요?

쭏 위우 쑤-워이 유- 뜨롱r 나이 카(크랍)

จุดวิวสวยอยู่ตรงไหนคะ(ครับ)

정말 굉장해요!

두- 잉 야이 마-ㄱ 찡찡 카(크랍)

ดูยิ่งใหญ่มากจริง ๆ ค่ะ(ครับ)

대박이에요!

쑫여-ㄷ 래-우 카(크랍)

สุดยอดแล้วค่ะ(ครับ)

착용 금지
하ᄋ 싸이
ห้ามใส่

반바지	타이트한 팬츠
까ᄋ께ᄋ 카ᄉ싼	까ᄋ께ᄋ 랃루r-ㅂ
กางเกงขาสั้น	**กางเกงรัดรูป**

미니스커트	찢어진 바지
끄라r쁘로r-ㅇ 싼	까ᄋ께ᄋ 카ᄃ
กระโปรงสั้น	**กางเกงขาด**

슬리퍼	시스루
러r-ㅇ타ᄉ오 때	쓰ᄉ아 파ᄉ 느ᄉ아 바ᄋ
รองเท้าแตะ	**เสื้อผ้าเนื้อบาง**

배꼽 티셔츠	민소매 티셔츠
쓰ᄉ아 에ᄉ우 러ᄋ이	쓰ᄉ아 케ᄂ 꾿
เสื้อเอวลอย	**เสื้อแขนกุด**

이건 뭐예요?

니- 크- 아라r이 크랍(카)

นี่คืออะไรครับ(คะ)

한국어 구사가 가능한 가이드가 있나요?

미- 까이 티- 푸-ㄷ 파-싸- 까오ㄹ리- 마이 크랍(카)

มีไกด์ที่พูดภาษาเกาหลีไหมครับ(คะ)

사원에서 복장은 어떻게 해야 하나요?

나이 왇 떵 땡 까-이 야-ㅇ라r이 크랍(카)

ในวัดต้องแต่งกายอย่างไรครับ(คะ)

안에서 사진 촬영을 해도 될까요?

싸-마-ㄷ 타-이 루r-ㅂ 카-ㅇ나이 다이마이 크랍(카)

สามารถถ่ายรูปข้างในได้ไหมครับ(คะ)

안에 들어가서 가까이 구경해도 될까요?

카오빠이 카-ㅇ나이 래 두- 끌라이끌라이 다이마이 크랍(카)

เข้าไปข้างในและดูใกล้ๆได้ไหมครับ(คะ)

29

먼저 신발을 벗으셔야 해요.

떵 터-ㄷ 러r-ㅇ타-오 꺼-ㄴ 크랍(카)

ต้องถอดรองเท้าก่อนครับ(ค่ะ)

사원 입장권을 구매할 수 있는 곳은 어디예요?

싸-마-ㄷ 쓰- 받 카오촘 왇 다이 티-나이 크랍(카)

สามารถซื้อบัตรเข้าชมวัดได้ที่ไหนครับ(คะ)

어린이의 사원 입장료는 얼마예요?

덱 떵 씨-야 카- 카오촘 왇 타오라r이 크랍(카)

เด็กต้องเสียค่าเข้าชมวัดเท่าไหร่ครับ(คะ)

태국 전통의상 대여 서비스가 있나요?

미- 버-리r까-ㄴ 하이 차오 춛타이 마이 크랍(카)

มีบริการให้เช่าชุดไทยไหมครับ(คะ)

태국 전통의상을 대여하려면 어디로 가야 하나요?

타- 떵까-ㄴ 차오 춛타이 떵 빠이 티-나이 크랍(카)

ถ้าต้องการเช่าชุดไทยต้องไปที่ไหนครับ(คะ)

관람 개방 시간은 몇 시예요?

쁘ㅓ-ㄷ 하이 카오촘 끼- 모-ㅇ 크랍(카)

เปิดให้เข้าชมกี่โมงครับ(คะ)

관람 마감 시간은 몇 시예요?

삗 하이 카오촘 끼- 모-ㅇ 크랍(카)

ปิดให้เข้าชมกี่โมงครับ(คะ)

출구는 어디에 있나요?

쁘라r뚜- 타-ㅇ어-ㄱ 유- 티-나이 크랍(카)

ประตูทางออกอยู่ที่ไหนครับ(คะ)

부처님께 절을 하고 싶으면 어떻게 해야 하나요?

타- 떵까-ㄴ 와이 프라r 떵 탐 양응아이 크랍(카)

ถ้าต้องการไหว้พระต้องทำยังไงครับ(คะ)

사원 관람 (안내) 지도가 있나요?

미- 패-ㄴ티- 까-ㄴ 카오촘 파-이 나이 왇 마이 크랍(카)

มีแผนที่การเข้าชมภายในวัดไหมครับ(คะ)

31

[ ] 이(가) 뻐근해요.

므-어이 [ ] 크랍(카)

เมื่อย [ ] ครับ(ค่ะ)

목	어깨
커-	바-
คอ	**บ่า**
팔	등
케-ㄴ	랑
แขน	**หลัง**
허리	허벅지
에-우	카- 어-ㄴ
เอว	**ขาอ่อน**
종아리	온몸
넝 카-	탕 뚜-워
น่องขา	**ทั้งตัว**
여기	거기
뜨롱r 니-	뜨롱r 난
ตรงนี้	**ตรงนั้น**

관광 — 사원 — 마사지숍 — SOS

안녕하세요. 어서 오세요.

싸왇디- 카(크랍) 인디- 떠-ㄴ 랍r 카(크랍)

สวัสดีค่ะ(ครับ) ยินดีต้อนรับค่ะ(ครับ)

잠시만 기다려 주세요.

롭r꾸-원 러r- 싹크루r- 카(크랍)

รบกวนรอสักครู่ค่ะ(ครับ)

몇 분 오셨어요?

마- 끼- 탄 카(크랍)

มากี่ท่านคะ(ครับ)

어떤 식의 마사지를 원하세요?

떵까-ㄴ 누-월 배-ㅂ 나이 카(크랍)

ต้องการนวดแบบไหนคะ(ครับ)

태국식 마사지를 받고 싶어요.

떵까-ㄴ 누-월 타이 카(크랍)

ต้องการนวดไทยค่ะ(ครับ)

33

몇 시간 받기를 원하세요?

떵까-ㄴ 누-월 끼- 추-워모-ㅇ 카(크랍)

ต้องการนวดกี่ชั่วโมงคะ(ครับ)

금액이 얼마죠?

라r-카- 타오라r이 카(크랍)

ราคาเท่าไรคะ(ครับ)

시간당 200바트예요.

추-워모-ㅇ 라 써-ㅇ 러r-이 바-ㄷ 카(크랍)

ชั่วโมงละ 200 บาทค่ะ(ครับ)

이 방에서 옷을 갈아입으세요.

까루r나- 쁠리-얀 춛 티- 헝 니- 카(크랍)

กรุณาเปลี่ยนชุดที่ห้องนี้ค่ะ(ครับ)

편안하게 계세요.

탐 뚜-워 하이 싸바이싸바-이 카(크랍)

ทำตัวให้สบาย ๆค่ะ(ครับ)

아프면 말씀해 주세요.

하ㄱ 루r-쓱 쩹 쁘로r-ㄷ 버-ㄱ 두-워이 카(크랍)

หากรู้สึกเจ็บโปรดบอกด้วยค่ะ(ครับ)

조금 세게 부탁드려요.

커 랭r래r-ㅇ(낙낙) 너이 카(크랍)

ขอแรงๆ(หนักๆ) หน่อยค่ะ(ครับ)

조금 살살 부탁드려요.

커 바오바오 너이 카(크랍)

ขอเบาๆ หน่อยค่ะ(ครับ)

목은 안 해주셔도 돼요.

마이떵 누-월 커- 나카(크랍)

ไม่ต้องนวดคอนะคะ(ครับ)

정말 시원해요. 많이 좋아졌어요.

싸바-이 마-ㄱ 디- 큰 래-우 카(크랍)

สบายมาก ดีขึ้นแล้วค่ะ(ครับ)

_____ (좀) 불러 주세요.

추-워이 리r-약 _____ 하이 두-워이 크랍(카)

ช่วยเรียก _____ ให้ด้วยครับ(ค่ะ)

경찰	구급차	택시
땀루r-월	롣r 파야-바-ㄴ	택씨-
ตำรวจ	**รถพยาบาล**	**แท็กซี่**

_____ 을(를) 분실했어요.

_____ 하-이 크랍(카)

_____ **หายครับ(ค่ะ)**

지갑	여권	신분증
끄라r빠오 땅	낭쓰- 드ㅓ-ㄴ타-ㅇ	받 쁘라r�짬 뚜-워
กระเป๋าตังค์	**หนังสือเดินทาง**	**บัตรประจำตัว**

살려 주세요! / 도와주세요!

추-워이 두-워이 크랍(카)
ช่วยด้วยครับ(ค่ะ)

도둑이야!

카모-이
ขโมย

소매치기야!

쪼-ㄴ
โจร

불이야!

퐈f이 마이
ไฟไหม้

범인이에요!

푸-라r-이 크랍(카)
ผู้ร้ายครับ(ค่ะ)

37

미아 찾기 방송을 하고 싶어요.

떵까-ㄴ 쁘라r까-ㄷ 하- 덱 하-이 크랍(카)

ต้องการประกาศหาเด็กหายครับ(ค่ะ)

아무리 찾아봐도 없어요.

하- 야-ㅇ라r이 꺼 마이 미- 크랍(카)

หาอย่างไรก็ไม่มีครับ(ค่ะ)

찾아 주셔서 정말 감사합니다.

커-ㅂ쿤 마-ㄱ 티- 하- 하이 나크랍(카)

ขอบคุณมากที่หาให้นะครับ(คะ)

두통이 있는 것 같아요.

루r-쓱 뿌-월 후-워 크랍(카)

รู้สึกปวดหัวครับ(ค่ะ)

가장 가까운 병원이 어디에 있어요?

로-ㅇ퍄야-바-ㄴ 티- 끌라이 티-쑫 유- 티-나이 크랍(카)

โรงพยาบาลที่ใกล้ที่สุดอยู่ที่ไหนครับ(คะ)

택시에 가방을 두고 내렸어요.

와-ㅇ 끄라r빠오 팅 와이 나이 택씨- 크랍(카)

วางกระเป๋าทิ้งไว้ในแท็กซี่ครับ(ค่ะ)

가방에 여권이 들어 있어요.

나이 끄라r빠오 미- 낭쓰- 드ㅓ-ㄴ타-ㅇ 크랍(카)

ในกระเป๋ามีหนังสือเดินทางครับ(ค่ะ)

최대한 빨리 연락을 부탁드립니다.

까루r나- 띳떠- 도-이 레r우 티-쑷 나크랍(카)

กรุณาติดต่อโดยเร็วที่สุดนะครับ(คะ)

기억이 전혀 나지 않아요.

킫 마이어-ㄱ 르ㅓ-이 크랍(카)

คิดไม่ออกเลยครับ(ค่ะ)

한국대사관에 연락해 주실 수 있나요?

추-워이 띳떠- 깝 싸타-ㄴ투-ㄷ 까오ㄹ리- 다이마이 크랍(카)

ช่วยติดต่อกับสถานทูตเกาหลีได้ไหมครับ(คะ)

 *Travel Diary*

항공 스케줄 📇

편명	날짜	출발지/출발 시간	도착지/도착 시간

여행 계획 🏝️

DAY	📍	여행 코스	Wish List	경비
DAY 1				
DAY 2				
DAY 3				
DAY 4				

맛있는 태국어  독학 첫걸음

쓰기 노트

JRC 언어연구소 기획

피무 저

무료 MP3 파일 다운로드

www.booksJRC.com

맛있는 books

맛있는 태국어

★독학★
첫걸음

쓰기 노트

JRC 언어연구소 기획

피무 저

맛있는 books

 태국어의 자음

> **쓰기 TIP**
>
> ① 자음을 쓸 때는 왼쪽부터 쓰며, **หัว**후-워(머리)라는 동그라미가 있는 자음은 동그라미를 먼저 씁니다. (**ก**꺼-까이와 **ธ**터-통 두 글자는 **หัว**후-워가 없습니다.)
>
> ② 태국어 자음은 1획이 원칙이며, 2획에 해당하는 자음은 2획으로 씁니다.
>
>   예 **ก**꺼-까이 **ญ**여y-잉y
>
> ③ 평균선보다 위 또는 아래로 써야 하는 자음에 주의하세요.
>
>   예 **ป**뻐-쁠라 **ฎ**더-차다-

ก 꺼-까이		
ข 커-카이		
ฃ 커-쿠-얻		
ค 커-콰이		

2

ค
커-콘

ฌ
커-라์카ั์캉

ง
응어-응우-

จ
쩌-짜ー-ㄴ

ฉ
처-칭

4

ด
ดอ-เด็ก

ต
ตอ-เต่า

ถ
ถอ-ถุง

ท
ทอ-ทหาร

ธ
ธอ-ธง

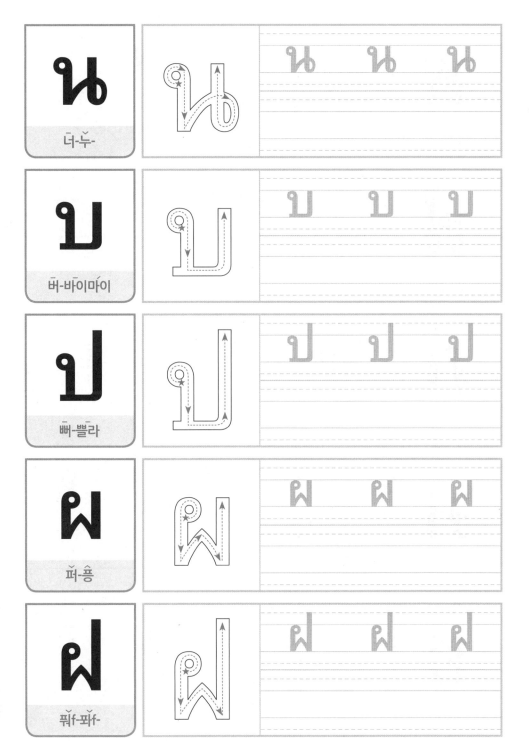

ณ
น ู- นุ-

ป
บ -บ าย ม าย

ป
ป -ป ลา

ผ
ผ ี-ผ ึ ้ง

ฝ
ฝ า f-ฝ า f-

ผ
퍼-파-ㄴ

ฝ
풔f-퐈f

ภ
퍼-쌈파오

ม
머-마-

ย
여y-약y

8

<header>x</header>

ร
러r-르r̄-아

ล
러r̄-ㄹ링

ว
워w̄-웨w̌-ㄴ

ศ
써-싸̌-ㄹ라-

ษ
써-르r̄-씨̌-

ส
ซ่อ-ซ้อ-อา

ห
ฮ่อ-ฮี-บ

พ
ล่อ-จ๋อ-ล-ลา-

อ
ออ-อา-ง

ฮ
ฮ่อ-น่อ-ฮู-ก

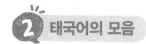

2 태국어의 모음

work 02

쓰기 TIP
① 태국어의 모음은 자음을 기준으로 좌우, 상하에 각각 위치할 수 있고, 좌우 또는 좌상우에 동시에 위치하는 경우도 있습니다.

② 모음은 왼쪽부터 쓰고 자음과 마찬가지로 **หัว**후-워(머리)를 먼저 씁니다.

③ 초자음 [ㅇ]에 해당하는 중자음 **อ**어-아-ㅇ을 활용하여 읽으면서 써보세요.

❶ 장모음

이-

에-

애-

이-야

อือ

อือ อือ อือ อือ

เออ

เออ เออ เออ

า

อา อา อา อา อา

เอือ

เอือ เอือ เอือ

12

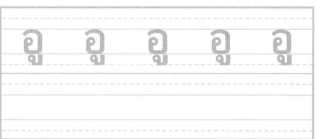

우-

오-

어-

우-워

❷ 단모음

이

에

애

이야

อื

เออะ

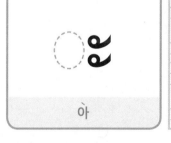

อะ

เอือะ

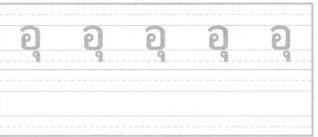

อุ   อุ   อุ   อุ   อุ

่อุ

โอะ   โอะ   โอะ

่โอ

เอาะ   เอาะ   เอาะ

่เอา

อัวะ   อัวะ   อัวะ

่อัว

16

❸ 기타 모음

อำ

อำ

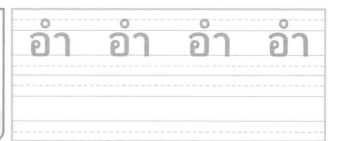
อำ   อำ   อำ   อำ

เอา

อㅗ오

เอา   เอา   เอา

ไอ

아ㅡ이

ไอ   ไอ   ไอ   ไอ

ใอ

아ㅡ이

ใอ   ใอ   ใอ   ใอ

ฤ	ฤ ฤ ฤ ฤ ฤ
รึ, รี, รื	

ฦ	ฦ ฦ ฦ ฦ ฦ
ลึ	

ฤๅ	ฤๅ ฤๅ ฤๅ ฤๅ
รือ	

ฦๅ	ฦๅ ฦๅ ฦๅ ฦๅ
ลือ	

 고유 숫자

태국의 고유 숫자는 전화번호, 음식 가격 등에서 아직도 많이 사용됩니다.
고유 숫자는 0~9까지 있고, 동그라미부터 시작하여 1획으로 씁니다.

ㅇ
ศูนย์ 쑤ㄴ 0, 영

๑
หนึ่ง 능 1, 하나

๒
สอง 써ㅇ 2, 둘

๓
สาม 싸ㅁ 3, 셋

๔

สี่ ㅆ- 4, 넷

๕

ห้า ㅎ- 5, 다섯

๖

หก ㅎ 6, 여섯

๗

เจ็ด ㅉ 7, 일곱

๘

แปด ㅃㄷ 8, 여덟

๙ เก้า 9, 아홉	
๑๐ สิบ씹 10, 열	
๑๑ สิบเอ็ด씹엗 11, 열하나	
๒๐ ยี่สิบ이y-씹 20, 스물	

๘	๘ ๘ ๘ ๘ ๘
마이따이쿠-	
-ๆ	ๆ ๆ ๆ ๆ ๆ
마이야목	
๔	๔ ๔ ๔ ๔ ๔
마이탄타카ᅳ	
-ฯ	ฯ ฯ ฯ ฯ ฯ
빠이야ᅳᄂ 너-이	
ฯลฯ	ฯลฯ ฯลฯ ฯลฯ
빠이야ᅳᄂ 야ᅵ	

잘 지내셨어요?

 TODAY
핵심 패턴   오늘 배운 내용을 따라 써보세요. | 53쪽   work 03   날짜: /

01 ผม ชื่อ ลียองอู ครับ

제 이름은 이영우입니다.

→ ผม ชื่อ ลียองอู ครับ

02 สบายดี ไหม ครับ

잘 지내셨어요?

→ สบายดี ไหม ครับ

 TRY!
단어 쓰기

เกาหลี	เกาหลี
한국	

ไทย	ไทย
태국	

 **DAY 04** ไป ตลาด รถไฟ อย่างไร ครับ

딸랏롯파이에 어떻게 가요?

 TODAY 핵심 패턴 오늘 배운 내용을 따라 써보세요. 63쪽 **work 04** 날짜: /

03 ไป ตลาด รถไฟ อย่างไร ครับ

딸랏롯파이에 어떻게 가요?

→ ไป ตลาด รถไฟ อย่างไร ครับ

04 จาก สถานี ถึง ที่ นั่น ไกล ไหม ครับ

역에서(부터) 거기까지 멀어요?

→ จาก สถานี ถึง ที่ นั่น ไกล ไหม ครับ

 TRY! 단어 쓰기

โรงเรียน	โรงเรียน
학교	

โรงพยาบาล	โรงพยาบาล
병원	

24

จะ ไป กี่ โมง คะ

몇 시에 갈 거예요?

05 จะ ไป กี่ โมง คะ

몇 시에 갈 거예요?

→ จะ ไป กี่ โมง คะ

06 หก โมง เย็น ครับ

오후 여섯 시예요.

→ หก โมง เย็น ครับ

TRY!
단어 쓰기

เวลา	เวลา
시간	

นาที	นาที
분	

DAY 07   ช่วย ถ่าย รูป ให้ หน่อย ได้ไหม คะ

사진 좀 찍어 주실 수 있으세요?

핵심 패턴   오늘 배운 내용을 따라 써보세요. | 93쪽 work 06   날짜: /

07 ช่วย ถ่าย รูป ให้ หน่อย ได้ไหม คะ

사진 좀 찍어 주실 수 있으세요?

→ ช่วย ถ่าย รูป ให้ หน่อย ได้ไหม คะ

08 หนึ่ง สอง สาม

하나 둘 셋!

→ หนึ่ง สอง สาม

TRY!
단어 쓰기

การบ้าน	การบ้าน
숙제	

ร้อย	ร้อย
100, 백	

26

수코타이 쌀국수 두 그릇 주세요.

TODAY
핵심 패턴 · 오늘 배운 내용을 따라 써보세요.

|103쪽 work 07 · 날짜: /

09 ขอ สั่ง ก๋วยเตี๋ยว สุโขทัย 2 ชาม หน่อย

수코타이 쌀국수 두 그릇 주세요.

→ ขอ สั่ง ก๋วยเตี๋ยว สุโขทัย 2 ชาม หน่อย

10 อร่อย ครับ

맛있어요.

→ อร่อย ครับ

TRY!
단어 쓰기

เผ็ด	เผ็ด
맵다	

เค็ม	เค็ม
짜다	

มี ไซส์ ใหญ่ กว่า นี้ ไหม ครับ

이것보다 큰 사이즈 있어요?

11 มี ไซส์ ใหญ่ กว่า นี้ ไหม ครับ

이것보다 큰 사이즈 있어요?

→ มี ไซส์ ใหญ่ กว่า นี้ ไหม ครับ

12 ทั้ง หมด เท่าไหร่ ครับ

전부 얼마예요?

→ ทั้ง หมด เท่าไหร่ ครับ

TRY!
단어 쓰기

หนังสือ	หนังสือ
책	

เสื้อ	เสื้อ
옷[상의]	

28

치앙마이 대학교는 어디에 있어요?

 TODAY
핵심 패턴 오늘 배운 내용을 따라 써보세요.

 | 131쪽 work 09

 날짜: /

13 มหาวิทยาลัยเชียงใหม่อยู่ที่ไหนคะ

치앙마이 대학교는 어디에 있어요?

→ มหาวิทยาลัยเชียงใหม่อยู่ที่ไหนคะ

14 เลี้ยวขวาตรงสี่แยกครับ

사거리에서 우회전하세요.

→ เลี้ยวขวาตรงสี่แยกครับ

 TRY!
단어 쓰기

เดินทาง	เดินทาง
여행하다	

จราจร	จราจร
교통	

DAY 12 **เคย ลอง ทาน ส้มตำ ไหม ครับ**

솜땀을 드셔 본 적이 있으세요?

TODAY 핵심 패턴 오늘 배운 내용을 따라 써보세요.

141쪽 **work 10** 날짜: /

15 **เคยลองทานส้มตำไหมครับ**

솜땀을 드셔 본 적이 있으세요?

→ เคยลองทานส้มตำไหมครับ

16 **แต่ก็อร่อยมากเลยค่ะ**

하지만 정말 맛있어요.

→ แต่ก็อร่อยมากเลยค่ะ

TRY!
단어 쓰기

เพลง	เพลง
노래	

สนุก	สนุก
즐겁다	

DAY 13 อย่า เข้าไป ที่ นั่น นะคะ

거기에 들어가지 마세요.

 오늘 배운 내용을 따라 써보세요.   날짜: /

17 อย่าเข้าไปที่นั่นนะคะ

거기에 들어가지 마세요.

→ อย่าเข้าไปที่นั่นนะคะ

18 ลองไปทางนั้นดีไหมครับ

저쪽 길로 가볼까요?

→ ลองไปทางนั้นดีไหมครับ

กางเกง	กางเกง
바지	

รองเท้า	รองเท้า
신발	

DAY 14 ผม รู้สึก ปวด ท้อง ครับ

저는 속이 안 좋은 것 같아요.

| 161쪽 **work 12** | 날짜: / |

오늘 배운 내용을 따라 써보세요.

19 ผมรู้สึกปวดท้องครับ

저는 속이 안 좋은 것 같아요.

→ ผมรู้สึกปวดท้องครับ

20 ถ้าอาการไม่ดีขึ้น ลองไปโรงพยาบาลค่ะ

만약 증상이 나아지지 않으면, 병원에 가보세요.

→ ถ้าอาการไม่ดีขึ้น ลองไปโรงพยาบาลค่ะ

단어 쓰기

ดีใจ	ดีใจ
기쁘다	

ว่ายน้ำ	ว่ายน้ำ
수영하다	

TODAY 핵심 패턴 오늘 배운 내용을 따라 써보세요. | 179쪽 **work 13** | 날짜: /

21 วันนี้วันอะไรคะ

오늘은 무슨 요일이에요?

→ วันนี้วันอะไรคะ

22 วันเกิดคุณสมบัติเมื่อไหร่คะ

솜밧 씨 생일은 언제예요?

→ วันเกิดคุณสมบัติเมื่อไหร่คะ

TRY! 단어 쓰기

กุมภาพันธ์	กุมภาพันธ์
2월	

อาทิตย์	อาทิตย์
주, 주일	

TODAY
핵심 패턴　오늘 배운 내용을 따라 써보세요.

189쪽　work 14　날짜:　/

23　ฝนอาจจะตกค่ะ

비가 내릴 것 같아요.

→ ฝนอาจจะตกค่ะ

24　ถึงแม้ว่าฝนตก ฉันก็จะไปค่ะ

비가 올지라도, 저는 갈 거예요.

→ ถึงแม้ว่าฝนตก ฉันก็จะไปค่ะ

TRY!
단어 쓰기

ฝน 비	ฝน

หิมะ 눈(snow)	หิมะ

34

DAY 18 ผม อยาก ว่ายน้ำ เก่ง ครับ

저는 수영을 잘하고 싶어요.

TODAY 핵심 패턴 오늘 배운 내용을 따라 써보세요.

|199쪽 **work 15** | 날짜: / |

25 ขอบคุณที่ชมนะคะ

칭찬해 주셔서 고마워요.

→ ขอบคุณที่ชมนะคะ

26 ผมอยากว่ายน้ำเก่งครับ

저는 수영을 잘하고 싶어요.

→ ผมอยากว่ายน้ำเก่งครับ

TRY!
단어 쓰기

พูด	พูด
말하다	

เก่ง	เก่ง
잘하다	

여행을 좋아해요.

27 **ชอบการท่องเที่ยวครับ**

여행을 좋아해요.

→ ชอบการท่องเที่ยวครับ

28 **จะแนะนำอาหารเกาหลีให้นะครับ**

한국 요리를 소개해 드릴게요.

→ จะแนะนำอาหารเกาหลีให้นะครับ

 TRY!
단어 쓰기

ชอบ	ชอบ
좋아하다	

งานอดิเรก	งานอดิเรก
취미	

36